Voyage romantique: La vie et l'écriture
des femmes de lettres françaises

浪漫之旅
法国女性作家的生活与创作

陈静 文晓荷 张逸琛 编译

胡洋 美术主编

知识产权出版社
全国百佳图书出版单位

图书在版编目（CIP）数据

浪漫之旅——法国女性作家的生活与创作／陈静等编译；胡洋，
美术主编. —北京：知识产权出版社，2016.1

ISBN 978 - 7 - 5130 - 3718 - 1

Ⅰ.①二… Ⅱ.①陈… ②胡… ③美… Ⅲ.①女作家—
生平事迹—法国—20 世纪 Ⅳ.①K835.655.6

中国版本图书馆 CIP 数据核字（2015）第 191362 号

责任编辑：李燕芬	责任出版：刘译文
特约编辑：张　萌	封面设计：薛　磊

浪漫之旅
——法国女性作家的生活与创作

陈静　等　编译
胡洋　美术主编

出版发行：知识产权出版社 有限责任公司	网　　址：http://www.ipph.cn
社　　址：北京市海淀区马甸南村1号（邮编：100088）	天猫旗舰店：http://zscqcbs.tmall.com
责编电话：010 - 82000860 转 8173	责编邮箱：nancylee688@163.com
发行电话：010 - 82000860 转 8101/8102	发行传真：010 - 82000893/82005070/82000270
印　　刷：北京嘉恒彩色印刷有限责任公司	经　　销：各大网上书店、新华书店及相关专业书店
开　　本：787mm×1092mm　1/16	印　　张：20.75
版　　次：2016 年 1 月第 1 版	印　　次：2016 年 1 月第 1 次印刷
字　　数：249 千字	定　　价：68.00 元

ISBN 978 - 7 - 5130 - 3718 - 1

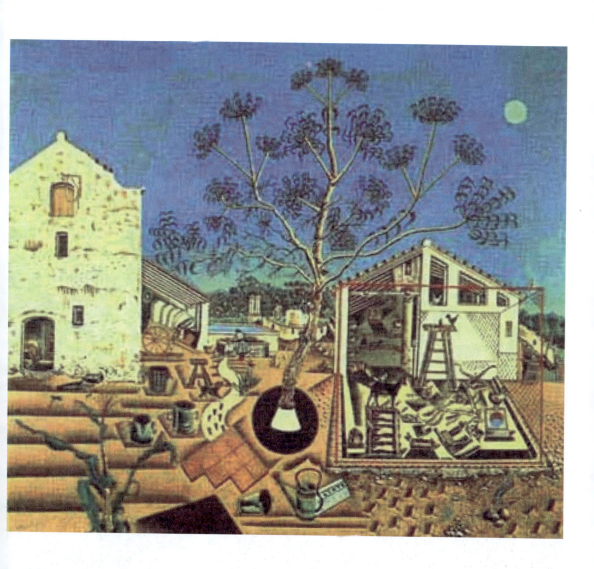

20 世纪超现实主义画作

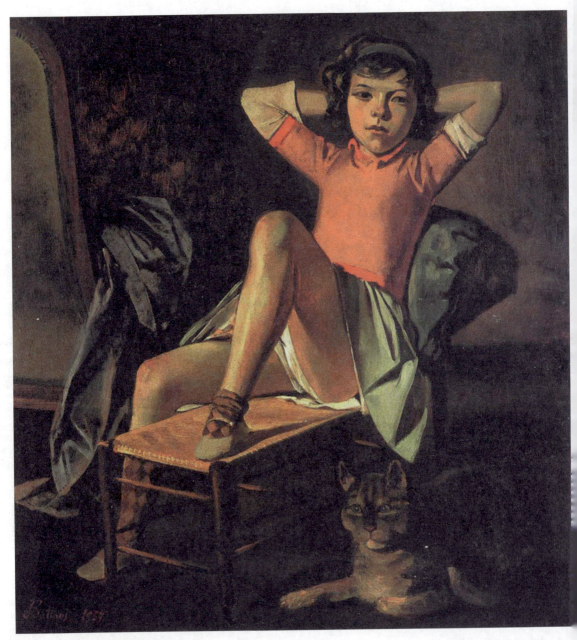

巴尔蒂斯，女孩和猫
1937

巴尔蒂斯，三姐妹
1964
私人收藏

巴尔蒂斯，窗边的年轻女孩，
布面油画，1957，
现收藏于纽约大都会博物馆

巴尔蒂斯，樱桃树
布面油画，1940

巴尔蒂斯，黄金年代
布面油画，1945

巴尔蒂斯，有一棵树的宽阔景色
布面油画，1957，
现藏于国家现代艺术博物馆 蓬皮杜中心

巴尔蒂斯，做梦的泰勒斯
布面油画，1938

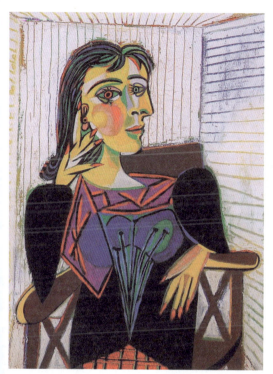

毕加索，朵拉·玛尔像
布面油画，1937

弗朗西斯·皮卡比亚，处女与孩子
布面油画，1933-1935

胡安·米罗，加泰隆风景
布面油画，1923-1924
现藏于纽约现代艺术馆

胡安·米罗，人投鸟一石子
布面油画，1926

马蒂斯 小河（靠近尼斯）
布面油画，1919

马蒂斯，音乐
布面油画，1939

莫奈，塞纳河岸，贝恩科特
布面油画，1886

莫奈，在巴黎的圣拉扎尔火车站
布面油画，1877

弗朗西斯·皮卡比亚，优雅，
1942-1943

高更，欢乐，
1892，现藏于巴黎奥赛博物馆

胡安·米罗，哈里昆的狂欢
1924-1925

凯斯·凡·东根，莫德赫斯科引吭歌唱
1908，现藏于纽约现代美术博物馆

马蒂斯，白羽毛
1919

www.rasiel.com

Danseuse Cambrée au Visage Coupé, 1927 - Matisse

马蒂斯，挺直身板舞女的脸部轮廓
1927

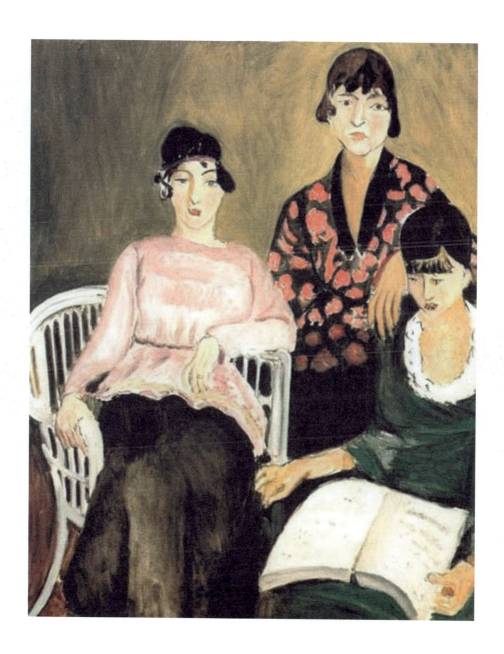

马蒂斯，三姐妹

莫奈，阿让特伊的长廊
1872

马约尔

莫奈，红船 – 阿让特伊
1875

莫奈，打阳伞的女人
1886

莫奈，尚丹附近的风车
1871

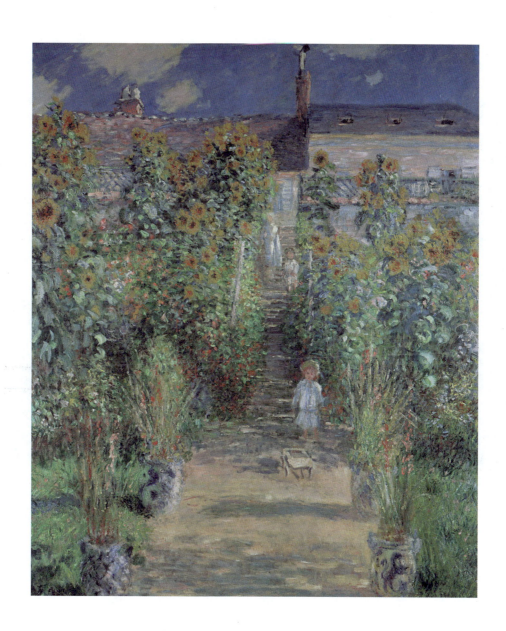

莫奈，维特耶的艺术家花园
1880

莫奈，午餐
1873

上：莫奈，夏日的维特耶
1880

下：莫奈，睡莲
油画，1904

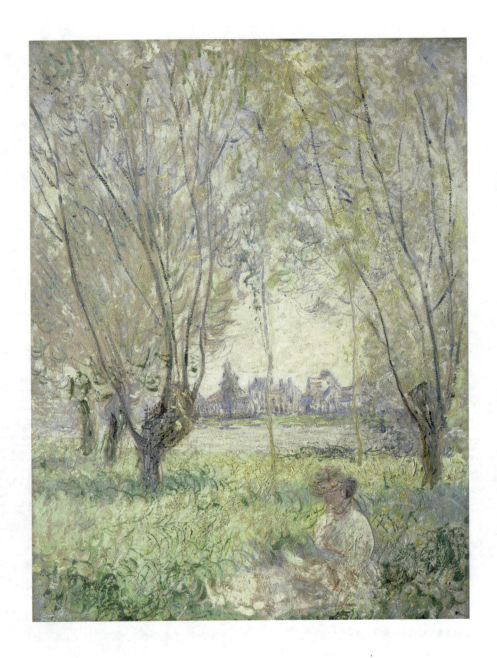

莫奈，坐在柳树下的女人
油彩画布，1880
现收藏于华盛顿国家艺廊

Francois Picabia

弗朗西斯·皮卡比亚，拿花的少女
纸版画，1941-1942

巴尔蒂斯，12岁的玛利亚·渥孔斯基公主
纸板画，1945

前　言

在相当长的历史时期内,法国女性的社会地位十分低下,她们被禁锢在家庭中生儿育女,没有一个属于"自己的房间",任何写作的行为都是可耻的。被誉为"法国的萨福"的 17 世纪女作家斯居代里大人曾说过:"写作,就是降低一半的贵族身份。"然而,法国女性的写作却从未停止过。在由中世纪的克里斯蒂娜·德·比赞夫人所开创的法国女性创作史上,我们可以列举出不少响亮的名字,如《克莱芙王妃》的作者拉法耶特夫人、法国浪漫主义运动的先驱斯达尔夫人及以大胆而著称的 19 世纪女作家乔治·桑等。但这些勇敢的女性又是在怎样恶劣的条件下写作啊,她们有的以匿名的方式出版,有的遭当局驱逐和流放,有的则不得以选用男性笔名来发表,还有的连作品带名字一起被遗忘在了历史的尘埃中。凡此种种,使得整个法国文学史上只留下寥寥无几的几位女性,而且法国文学史上是用男性的语言和标准来评价她们的,真正来自女性自己的声音可谓少而又少。

历史的车轮滚滚驶向 20 世纪。世界范围内的女权运动风起云涌,为女性争得了选举权、生育权和话语权。虽然社会对女性文学的偏见并没有完全消除,女性创作依然遭到社会的质疑和敌视,但法国女作家们终于可以品尝前辈们斗争的胜利果实了。她们紧握手中之笔,大胆地描绘着女性拥有的独特魅力,诉说着女性的自我生命经验和欲望,控诉着战争的残暴、时代的堕落,也憧憬着美好的未来。她们凭借自己的才华和不断创新的写作手法,为读者奉献了一部部精彩绝伦的作品。她们的名字有一长串,个个都值得我们去认识、去牢记。她们中不仅有特立独行、热爱自由和大自

浪漫之旅——法国女性作家的生活与创作

然的柯莱特,在小说形式上不落俗套的娜塔莉·萨罗特,写出了《第二性》这样划时代巨著的波伏瓦,成为法兰西学院首位女院士的小说家尤瑟娜尔,以及不断探索自我、声名远播的杜拉斯,还有60年代以来形成的庞大的女作家群。其中,玛丽·恩迪亚耶关注文化冲突和自我文化身份,多米尼克·罗兰努力在个人经验深处挖掘真实,南希·休斯顿热衷于探讨历史题材并从中得出深刻的现实意义,安妮·埃尔诺则擅长用最平淡的语言表达最真挚的情感。可以说,20世纪法国女性作家的创作,在主题思想和写作手法等各方面都呈现出百花争艳的局面,她们为整个法国文学史乃至世界文学史增添了一道亮丽的风景线。她们的作品犹如一缕缕清风召唤我们去重读和品味,她们的内心犹如一座座缤纷的花园等待我们去挖掘、去开垦。

本书便是这样一部应时之作,书中介绍了法国20世纪83位优秀女作家的生活与创作情况,她们中的绝大多数都曾是诸如龚古尔文学奖、法兰西学院文学大奖、费米娜文学奖、勒诺多文学奖或美第西斯文学奖的桂冠获得者。她们虽然并非20世纪法国女作家的全部,但她们的作品无论在广度还是在深度上都堪称女性作家创作的典范。本书并非简单的名单罗列和生平介绍,而是涵盖了女作家们的生平、创作理念、主要作品及写作特色等诸多方面的内容,做到介绍与分析评价相结合,有较强的可读性和知识性。每个作家介绍均包含三大块内容:首先是作家创作的情况概述,接着是其代表作品的评介,最后是总结。我们希望对每位入选作家进行有点有面的介绍,为我国读者更多地了解法国女性作家及其作品提供有意义的参考。但由于精力、水平有限,再加上资料匮乏等客观原因,本书在内容的丰富性和全面性等方面还有进一步完善的空间,希望能在今后的研究工作中予以弥补。

在本书即将交付印刷之际,我特别要感谢北京第二外国语学院法国文学研究和翻译专家李焰明教授。编译本书的最初设想便来自李教授,而且在本书的整个编译和出版过程中,李教授也给予了我全方位的支持和帮

浪漫之旅——法国女性作家的生活与创作

助。此外,我还想感谢我的同事鲍叶宁女士和陈艳女士,她们曾带领法意语系法语专业 2011 级和 2012 级硕士研究生们为本书做了大量前期准备工作。而本书的另外两位编译者文晓荷和张逸琛所付出的辛苦和心血更是可想而知了。最后,美术主编胡洋先生和知识产权出版社的策划编辑李燕芬女士为本书的出版和书中插画的收集与整理也做了非常细致而又富有创意的工作,这里也一并表示我诚挚的谢意。

因编者水平有限,本书内容一定存在诸多疏漏之处,还望读者朋友们指正。

陈 静

2016 年 1 月

目　　录

浪漫之旅——法国女性作家的生活与创作

浪漫之旅——法国女性作家的生活与创作

浪漫之旅——法国女性作家的生活与创作

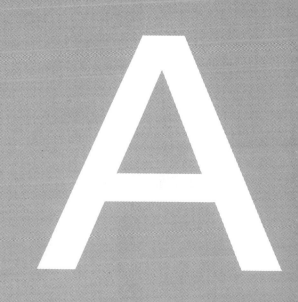

Arnothy, Christine

（克里斯蒂娜·阿尔诺蒂）(1930 年 –)

小说家、文学评论家

Arnothy, Christine

(克里斯蒂娜·阿尔诺蒂)(1930 年 –)

小说家、文学评论家

克里斯蒂娜·阿尔诺蒂原名克里斯蒂娜·科瓦奇·德·曾德罗,1930 年出生于战乱中的匈牙利。布达佩斯的废墟是她对青少年时期留下的最深的记忆。第二次世界大战后,她侨居法国,并于 1948 年起定居巴黎,之后曾多次去美国小住。有着和谐婚姻生活的她最大的爱好之一便是写作。她曾说:"写作,是呼吸、是生存、是爱、是存在。"阿尔诺蒂已创作有十几部小说、一部中篇故事集、多部随笔及若干部为电台或电视台创作的剧本。其中主要有:《我十五岁,还不想死》(*J'ai quinze ans et je ne veux pas mourir*)、《活着不容易》(*Il n'est pas facile de vivre*)、《被俘的红衣主教》(*Le Cardinal prisonnier*)、《美国人的季节》(*La Saison des Américains*)、《索洛涅的野餐》(*Pique – Nique en Sologne*)、《蒙古骑士》(*Le Cavalier mongol*)及《我爱生活》(*J'aime la vie*)等。她曾凭借《蒙古骑上》一书获得 1976 年法兰西学院中篇小说大奖。

在布达佩斯被占领期间,被迫与父母一起躲藏在地窖里的克里斯蒂娜用日记记录下了这场持续了两个半月之久的战争:许多街区沦为了废墟。第一次世界大战时的日记于 1954 年被连载于法国日报《被解放的巴黎人》,并得到好评。这帮助她正式踏入了法国文学界。以此日记为蓝本的小说《我十五岁,还不想死》于 1955 年在巴黎出版,并在短短几个月内便蜚声海内外。其第二部自传性作品——克里斯蒂娜·阿尔诺蒂本人将其视为前作的"小"续曲——《活着不容易》发表于1957年,描写了她最初移居巴黎后的艰难生活。该小说情节曲折,悬念迭起,人物大多是特立独行的,且互相之间爱憎分明,来自不同文化背景的人之间有冲突、有伤害,有友谊也有爱情。小说《被俘虏的红衣主教》主要探讨了政治与宗教的存在理由问题;《美国人的季节》则描写了两种不同的爱情和友谊观。

匈牙利的文化元素在克里斯蒂娜的作品中随处可见。作为女性作家,她在男女两种人物形象的描写上并无侧重,但从其近作来看,其笔下的女性在性的方面更加要求独立和大胆了。

(陈静 编译)

Atlan, Liliane (Galil)

（丽莲娜·亚特兰）(1932—2011 年)

法国剧作家、诗人

Atlan,Liliane(Galil)
(丽莲娜·亚特兰) (1932—2011 年)
法国剧作家、诗人

丽莲娜·亚特兰 1932 年出生于蒙彼利埃的一个犹太家庭。第二次世界大战时纳粹集中营的残暴及同胞们的遭遇给她造成了不可愈合的心灵创伤。写作则是她与那些可怕的回忆作斗争的武器。其目的是避免让那场浩劫被历史的尘埃所淹没,并帮助那些遭受过纳粹迫害的犹太人找回自我,走出人生的困境。1962 年,她以笔名 Galil 发表了第一部诗集《那双切断记忆的手》(*Les Mains coupeuses de mémoire*,1962)。1967 年,其剧作《福格先生或地之痛》(*Monsieur Fugue ou le mal de terre*,1967)开始在多个国家上演。此外,她还著有《载满火焰和声音的小车》(*La Petite voiture de flammes et de voix*,1971)、《救世主与地之痛》(*Les Messies ou le mal de terre*,1968)等剧作,以及小说《啮齿类动物之梦想》(*Le Rêve des animaux rongeurs*,1985)和诗集《口误》(*Lapsus*,1971)等。她曾荣获“剧作家广播公司大奖”及“第二次世界大战大屠杀回忆奖”。

“写作于我是生命的必需,生活也是。真正的困难或者说目的,就是要使写作与生活能互为源泉。”丽莲娜·亚特兰如是说。确实,她的作品无一不是从自己的个人经历中汲取灵感和养分的。她的诗歌《口误》及故事《啮齿类动物之梦想》是对纳粹集中营的控诉,是对死亡和罪恶的控诉,也是对无法逃避可怕命运、身陷疯狂边缘的一种悲叹。她的剧作则是内心诸多矛盾的具体化,剧中的时空不再连贯,充满了历史的、形而上的和人与人之间的争执和纠纷。《福格先生或地之痛》取材于第二次世界大战时期的一个悲惨故事:一群孩子将被纳粹处死,他们明知厄运难逃,却通过充满想象力的游戏使心灵得到拯救。封闭的车厢与孩子们无限的想象力形成对照,表面上开放的外部空间被战争时期的屠杀法则牢牢掌控,人们对自由和幸福的渴望总是遭到社会各种等级制度和不平等法则的扼杀。所有这些都反映了现代人"融入现实之难和渴望生存之难"。在《载满火焰和声音的小车》里,亚特兰则对女性身份的碎片化做了极为形象的刻画。女主人公抛弃信仰和家庭,追求没有禁忌的生活,反映了女性对充满无限性和多样性的自我之探索。

丽莲娜·亚特兰的作品话题虽然沉重,但贯穿全书的幽默却避免了其作品的晦涩难懂。她那圣诗般的作品中充满了种种冲突和对立,既描写恐怖与可怕,也不乏惊叹与赞美,既痛感信仰的丧失,也有对信心的重拾。

(陈静　编译)

Aubry , Gwenaëlle

（格温内勒·奥布里）（1971 年—）

小说家、哲学家

Aubry, Gwenaëlle

(格温内勒·奥布里)(1971 年—)

小说家、哲学家

　　格温内勒·奥布里出生于 1971 年 4 月 2 日,曾于索邦大学和剑桥大学研读哲学,1999 年发表处女作,开始涉足文坛。她毕业于巴黎高等师范学院,获得了哲学方向的博士学位。她曾在英国、意大利和科特迪瓦居住数年,现为法国国家科学研究中心研究员和当代法国哲学研究国际中心会员。作为普罗提诺、普罗克鲁斯、波菲利的译者,她出版了多部关于古代哲学的作品。2009 年凭借小说《人》(*Personne*)一举获得费米娜文学大奖。

　　奥布里迄今共出版过六部小说,其中《干洗工魔鬼》(*Le Diable détacheur*,1999 年)描写了一个少女在爱上了一个中年男人之后内心的纠结与煎熬。其第二部和第三部小说《被孤立的人》(*L'Isolée*,2002 年)及《孤独》(*L'Isolement*,2003)具有相同的主题:监禁、悲哀和剥夺。《被孤立的人》(*L'Isolée*,2002)讲述了一个年轻女子玛尔格在监狱中的所思所想:刘皮埃尔的爱慕和对作为非法移民所过的艰难生活之追忆。这是一本关于监禁、哀悼和权利剥夺的书。这部作品的主题在《孤独》(*L'Isolement*,2003)中得到再现。2009 年出版的《人》(*Personne*,2009)讲述了个人忧郁和自我缺失,获得了当年的费米娜文学大奖,并且入围了美第西斯文学奖的最后一轮选拔。《人》的写作灵感来源于奥布里女士的个人经历,可以被看做是奥布里为患有精神疾病的父亲所作的传记小说。曾是索邦大学教授和成功律师的父亲弗朗索瓦－格扎维埃·奥布里死后，格温内勒发现了他的手稿《黑羊忧郁》。父亲在手稿中记录了自己身体上的病痛及逐渐离群的心灵之苦。她便以此为素材，采用类似《马桥辞典》的形式，以 26 个字母建构全书，分别描绘了各个短暂的身份记忆碎片，以细致的文笔塑造了一位复杂的、有吸引力的、但却始终是世界局外人的父亲形象。这是一部关于作者父亲的独特而感人的小说，字里行间都充满了女儿对父亲的怀念和敬爱之情。奥布里曾表示，获得费米娜奖是对此书和父亲手稿的双重承认。

　　奥布里认为，作为一名作家，就是让自己为他人发声，但同时加上自己的节奏与脉搏。她注意人物内心的描写，而且文笔细腻，其作品主题多反映时代问题并对其进行哲学思考。

（张逸琛 文晓荷　编译）

Audoux,Marguerite

（玛格丽特·奥杜）(1863—1937 年)

小说家

Audoux, Marguerite
(玛格丽特·奥杜)(1863—1937 年)

小说家

　　玛格丽特·奥杜(原名玛格丽特·东基乔德)1863 年 7 月 7 日出生于法国桑宽,三岁丧母,狠心的父亲抛弃了她和她的姐姐玛德莱娜。开始时姐妹俩被托付给姨妈看管,后来便在布尔日综合医院的孤儿院中度过了 9 年的童年时光。从 1877 年到 1881 年,玛格丽特四处颠簸,漂泊无依,从索洛涅辗转来到圣·蒙泰纳,她做过牧羊女,还在农场当过女佣。在流浪生涯的最后两年,她结识了亨利·德鲁,两人坠入爱河。然而这段门不当户不对的曲折恋曲依然没有获得上苍的眷顾,由于男方家庭的反对,他们最终分手。此后,孤苦伶仃的玛格丽特定居在巴黎,为维持生计,她曾当过缝纫工和洗衣工。在这段凄惨的日子里(1883 年),她还曾诞下过一个婴孩,孩子不久后便夭折了。雪上加霜的是,由于难产,她终生无法再次生育。同一时期,她的姐姐玛德莱娜将亲生女儿伊芙娜托付给了玛格丽特,后者不顾自己经济上的重重困难,艰辛地把自己的外甥女抚养长大。伊芙娜没有忘记养母对自己的养育之恩,16 岁时,她不惜瞒着养母,卖淫挣钱来补贴家用。期间一位客人,不顾伊芙娜的窘境,爱上了她,这便是米歇尔·耶尔。米歇尔发现了玛格丽特的创作才华,并把她介绍给了自己的一些艺术家朋友。在他的帮助下,经过一番曲折,1910 年 12 月 2 日,这位曾经的牧羊女摘得了费米娜文学大奖的桂冠,获奖作品为《玛丽 - 克莱尔》(*Marie -*

Claire)。

《玛丽-克莱尔》由当时著名的文学评论家奥克塔夫·米尔博(Octave Mirbeau,1848—1917年)作序。他大力推荐这部"以作者早年辛酸生活为题材"的小说。作品一经面世,销量就超过 10 万册,并被译成多国语言,反响巨大。书中描写了同名女主人公玛丽·克莱尔在孤儿院度过的童年时光和在农村陋巷度过的青少年时光,反映了本世纪初法国下层人民贫穷且无尊严的生活窘况。之后玛格丽特·奥杜又陆续发表了一些作品,但影响力均未超过这部作品。《玛丽·克莱尔的作坊》(*L'Atelier de Marie Claire*, 1920)描写了玛丽·克莱尔打工的缝纫作坊。作坊主达利尼克大妇被迫在经济萧条之时招工,加上挑剔且爱拖欠的顾客,店铺惨淡经营,该书销量只有 1.2 万册,其后的作品均销量平平。

玛格丽特·奥杜的作品均带有自传和回忆录的色彩,她大半生的辛酸苦楚郁结在心中,唯有借文字一吐为快,因此她的作品具有深刻的现实性,向读者展示了 19 世纪末 20 世纪初法国的一副广阔的社会图景,堪称是一部法国下层劳动人民的血泪史,隐隐显现出第一次世界大战前法国国内山雨欲来风满楼之势。

(张逸琛　编译)

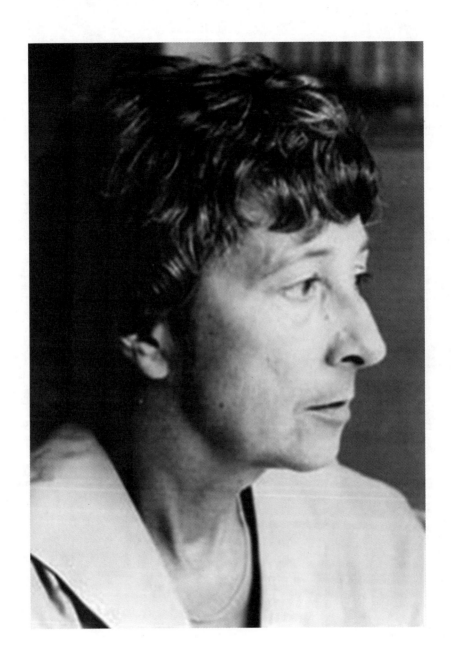

Audry, Colette

（科莱特·奥德丽）（1906—1990 年）

法国戏剧家、剧作家、批评家

Audry，Colette

（科莱特·奥德丽）（1906—1990 年）

法国戏剧家、剧作家、批评家

科莱特·奥德丽 1906 年 7 月 6 日出生于法国奥朗日，在布列塔尼度过了自己的童年时光。奥德丽接受过良好的教育。从巴黎高等师范学校毕业后，她获得了文学教师资格证，开始在巴黎莫里哀中学教授文学，同时为《现代》和《南方纪事》等杂志的文学专栏撰稿，并从事小说和剧本等的创作。她的作品体裁广泛，有论文、报告、文学性和政治性随笔、电影评论、小说、剧本及电影脚本等。主要有短篇小说集《输家》（*On joue en perdant*，1946）、回忆录《回顾》（*Aux yeux du souvenir*，1947）和三幕话剧《索勒达》（*Soledad*，1956）等。其短篇小说《浴缸背后》荣获 1962 年法国美第西斯奖。

小说集《输家》题献给了萨特，书中充斥着存在主义哲学观。剧作《索勒达》则反映了作者对女性处境之孤独的思考：投身于集体行动不足以解决女性的孤独问题。对此，萨特是这样评价的："在奥德丽看来，孤独是一种秘密的失败，是集体关系的反面，这种心理循环往复，无法克服。"剧中，索勒达与妹妹媞塔既相爱又倍感孤独。这种爱的关系恐怕只有姐妹才能体会。在小说《浴缸背后》中，作者融进了自己的一些生活经历，通过描写一位女作家与一条狗之间的故事，反映了作者对自然之爱及对女作家跌宕人生的思考。这只德国雄犬一被领进家门，就很快占据了主人仅有的空间和业余时间，这使女主人及其儿子的生活充满了焦虑和无奈。直到有一天小狗染病,像平时犯错后表现的那样,蜷缩到了浴缸背后,女主人才回想起自己几个月前在心中萌生的对小狗的嫌弃之情。联想到自己曾遭遇过的别人的冷眼和无情,她感到既愤怒又懊悔。可怜的小狗最后还是不治身亡了,而女作家的生活还得继续。科幻作品《另一个星球》(*L'Autre planète*, 1972)则探讨了当代社会和小说所共同关心的话题:身份的缺失及人与人之间的不信任等。

　　奥德丽同时还是一位女政治家,女权运动的积极倡导者,曾在法国社会党担任过要职。她还在出版界工作过,并主持了系列丛书《妇女》的编撰工作。

(陈静　编译)

Aury，Dominique

（多米尼克·奥丽）（1907—1998 年）

著名女作家、文学批评家、杰出的翻译家、英国文化专家

Aury, Dominique
(多米尼克·奥丽)(1907—1998 年)

著名女作家、文学批评家、
杰出的翻译家、英国文化专家

　　1907 年 9 月 23 日,安娜·德克洛,也即后来的多米尼克·奥丽出生于罗什福尔。幼年时由祖母在英国抚养长大,后进入巴黎费纳隆高中读书。她是第一个被孔德尔赛高中高等师范学院文科预备班录取的女生,后进入索邦大学学习英语。1929 年,她同在索邦结识的一名右派年轻学生雷蒙·达尔吉拉结婚,并育有一男孩。这段婚姻很快便宣告结束。第二次世界大战时,经由父亲介绍她结识了比她大 20 岁的《新法兰西》杂志的总编让·波扬,两人很快坠入爱河。后者将她真正带入了文学创作领域。她的主要作品有:《法国宗教诗选》(*Anthologie de la poésie religieuse française*,1943),论文集《大众读物》(*Lecture pour tous*,1958)及《秘密使命》(*Vocation:clandestine*,1999)等。此外,她还翻译了大量英国作家的作品,并著有关于莎士比亚、简·奥斯汀等人的研究文章。奥丽于 1956 年获文学批评大奖。

　　奥丽创作的《O 的故事》(*Histoire d'O*,1954)是第二次世界大战后最著名的色情小说之一。当时署名为波琳·雷阿日。该书的出版引起了轩然大波:一是因为其真正作者无从得知;二是因为其萨德式的大胆描写。直到 1994 年,在《纽约人》对其进行的访谈中,奥丽才承认自己是《O 的故事》的真正作者。故事发生在鲁瓦西城堡,身为摄影师的女主角自愿沦为其情人及其身边人的性奴,为他们提供各种色情服务。作者后来曾坦承:这是一个对绝对爱情的梦想,是对另一种世界的向往,也是"我不为人知的另一面"。可见,这是一个在性爱方面无所顾忌、大胆追求的女性。她的这一作品曾遭到女权主义者们的猛烈攻击,但却被译成了二十几国文字,并最终成为了色情小说的经典。

奥丽曾任《新法兰西》杂志的秘书长,同时又是多个文学奖(如妇女文学奖、评论奖、施韦策文学奖)评选委员会委员,并获过法国荣誉军团勋章。她还是长达20年间伽利玛出版社审稿委员会唯一的女性审稿人。

(陈静　编译)

B

Bancquart, Marie – Claire

（玛丽 – 克莱尔·班卡尔）（1932 年一）

诗人、学者、小说家

Bancquart, Marie – Claire
(玛丽－克莱尔·班卡尔)(1932 年—)
诗人、学者、小说家

　　班卡尔 1932 年出生于阿韦龙地区。她毕业于塞夫勒女子高等师范学校，文学博士，曾先后受聘为布雷斯特大学、克雷泰伊大学、鲁昂大学、南特大学及巴黎索邦大学的文学教授，主持过巴黎四大"文学与思想"研究中心的工作。1979 年获得马克思·雅克布诗歌奖，1985 年又凭借其所有评论类作品而荣获法兰西学院批评类大奖。其研究对象主要有莫泊桑、法朗士、超现实主义作家及现当代诗歌。其小说《秋天的艾莉莎》曾入围 1991年的勒诺多奖。然而，班卡尔的大名却主要与诗歌联系在一起，因为诗歌"是一种生存方式"，"写诗的目的旨在通过神秘的方式询问世界，以寻找继续前进之路"。她的主要作品有诗歌《但是》(*Mais*, 1969)，《错开的计划》(*Projets alternés*, 1972)，《土地探测器》(*Cherche-Terre*, 1972)，《从您的脸到骨头》(*Votre visage jusqu'à l'os*, 1984)，《除了等待无处可去》(*Sans lieu sinon l'attente*, 1991 年)，以及小说《法官》(*L'Inquisiteur*, 1981)和《家庭照》(*Photos de famille*, 1989)等。

　　班卡尔的诗歌充满了张力，且寓意深刻，毫不媚俗，旨在寻求一种我们无法达到的或稍纵即逝的完满境界。其诗长于抒情，画面感强，能激发读者无限的想象。她时而描写相互渴望的身体间的激情，时而刻画人的痛楚与苦涩，时而又赞美日常事物及瞬间的柔情蜜意。由此可见，在班卡尔那里,诗歌即生活的艺术,是"见到一棵树,一只小动物,一座城市"时心头涌现的那一丝柔意。我们狭小的身躯虽然与周围的世界格格不入,但我们的精神却是真实而自由的,与全人类的意识及其历史紧密相连。班卡尔还将被诗歌传统排斥在外的叙事性,即连续性和时间性重新引入诗歌,并通过她诗歌世界中独特的颜色和天使"系列"来叙事。她偏爱描写梦境、幻想及情欲,但却丝毫不带有任何自传的痕迹。她的诗作通常篇幅短小,但却犹如一个个令人眩晕的浓缩物,需要足够的耐心才能将其打开。

班卡尔的诗风与马拉美及博纳富瓦所信奉的后浪漫主义传统一脉相承。

(陈静　编译)

Beaumont, Germaine

（热尔曼娜·博蒙）（1890—1983 年）

小说家、诗人

Beaumont, Germaine

（热尔曼娜·博蒙）（1890—1983 年）

小说家、诗人

　　热尔曼娜·博蒙是 20 世纪法国文学界的多面手。作为小说家，她的首部小说《陷阱》（*Piège*）获得 1930 年勒诺多大奖，她本人因此而成为法国第一位获此殊荣的女性作家。作为记者，她是《晨报》和《新文学报》的特约撰稿人，专门负责有关侦探小说的批评。她于 1936 年起担任费米娜文学奖评审，直至去世。她还是出版人，曾主编过一套专门由女作家创作的侦探小说集。因酷爱英国文化，她翻译过弗吉尼亚·伍尔夫及卡波特等人的作品。她还在电台与皮埃尔·比亚德共同主持过人气节目"神秘大师"。她一生共创作了 18 部小说，除《陷阱》外，还有：《长夜》（*La Longue nuit*，1936）、《钥匙》（*Les Clefs*，1939）、《贱货阿涅斯》（*Agnès de rien*，1943）、《倒霉的轮子》（*La Roue de l'infortune*，1946）、《西尔索弗》（*Silsauve*，1952）、《遗产继承人》（*Les Légataires*，1966）、《爱尔兰鲤鱼》（*La Carpe irlandaise*，1977）、《白三叶的芳香》（*Une Odeur de trèfle blanc*，1981）等。此外，她还出版了诗集《唱片》（*Disques*，1930）等。

　　热尔曼娜·博蒙深受英国著名作家弗吉尼亚·伍尔夫和法国作家柯莱特的影响，偏爱创作心理和幻想题材。她擅长写神怪与鬼屋，以超自然的笔调来描绘废弃老屋中隐藏着的神秘与过往。她往往通过对惊悚情节的描写和对阴森气氛的渲染来获得令读者毛骨悚然的效果。在小说《西尔索弗》中,一个名叫西尔索弗的五岁的小女孩,在被父母扔到祖母家之后,得不到丝毫的关爱,只能用她那充满忧伤而又敏感的双眼观察扑朔迷离的成人世界,企图识破周围世界的种种秘密。在热尔曼娜·博蒙那细密画般的精致描写下,一切人和物的本质都暴露无遗,一个被家人遗弃的孤独无助的小姑娘的形象因此而跃然纸上。小说集《屋子,秘密》则收录了包括《钥匙》《贱货阿涅斯》和《爱尔兰鲤鱼》在内的三部小说。用科莱特的话说这是"三部没有警察的侦探小说"。里面有家族的秘密、尘封已久的故事和沉默不语的屋子。几个独立坚强的女子因不满别人的谎言和无耻,开始了对包括自己过去在内的真相的寻觅。她们懂得倾听那些默默无言的事物如石头、家具或花园的心声,因为正是它们见证或掩护过一件件惨剧的发生。她们的探秘完全颠覆了原有事物的秩序。

作为近一个世纪的见证人,热尔曼娜·博蒙看待自己身后那段历史的眼光是好奇的,同时也是批判的。她为自己在 20 世纪初的法国文坛赢得了一席之地,并成为 70 年代法国重要的女性主义知识分子之一。

(陈静　编译)

Beauvoir, Simone de

（西蒙娜・德・波伏瓦）（1908—1986 年）

哲学家、回忆录作家、小说家、评论家

Beauvoir，Simone de

（西蒙娜·德·波伏瓦）（1908—1986 年）

哲学家、回忆录作家、小说家、评论家

  波伏瓦出生于巴黎的资产阶级家庭，母亲是虔诚的基督教徒，且性格专横，父亲是律师，信奉不可知论。上中学时，她与一个名叫扎扎的女孩结下了深厚的友谊，并在 14 岁时放弃了对上帝的信仰。在巴黎索邦大学学习哲学期间，她结识了让-保罗·萨特，两人在半个多世纪里保持着令人羡慕的新型伴侣关系。获得哲学教师资格证后，波伏瓦先是在马赛和鲁昂，1938 年后又回到巴黎任教，并于 35 岁时发表了第一部小说《女宾》（*L'Invitée*），获得成功。此后，她离开了教学岗位，专心写作，并与萨特一起创建了《现代》杂志。1949 年发表了惊世骇俗的《第二性》（*Le Deuxième Sexe*），该书后被女权主义者奉为"圣经"。1954 年，她凭借小说《名士风流》（*Les Mandarins*）获得龚古尔文学奖。与此同时，她到世界各大洲旅游、访问。1972 年起，她积极投身于女性解放运动。她一生笔耕不辍，除上文提到过的作品外，还著有论文《皮鲁斯与西内亚斯》（*Pyrrhus et Cinéas*，1944），长篇通讯《今日美洲》（*L'Amérique au jour le jour*，1948），小说《他人的血》（*Le Sang des autres*，1945）、《人都是会死的》（*Tous les hommes sont mortels*，1946），论文《建立一种模棱两可的伦理学》（*Pour une morale de l'ambiguïté*，1947），剧本《无用的嘴》（*Les Bouches inutiles*，1945），随笔《长征》（*La Longue Marche*，1957），四大卷回忆录《一个循规蹈矩的少女的回忆》

（*Mémoires d'une jeune fille rangée*，1958）、《时势的力量》（*La Force de l'âge*，1960）、《事物的力量》（*La Force des choses*，1963）和《归根结底》（*Tout compte fait*，1972），以及随笔《极其平和的死》（*Une Mort très douce*，1964）、《老年》（*La Vieillesse*，1970）和《告别仪式》（*La Cérémonie des adieux*，1974）等。

波伏瓦一生都在追求一种"纯女性式的幸福"，她一方面践行着存在主义哲学的介入原则，另一方面则享受着生活中的种种快乐，并成功地在公众人物和个人两种身份之间找到了平衡。在撰写《第二性》时，她并不认为自己是女权主义者，而仅仅是一位从内部挖掘女性生存条件的探索者。书中除有关同性恋和生育的观点有失客观外，绝大部分内容直到今天还有极强的现实意义。她的分析丝丝入扣，逻辑性强，使"女人"这个概念获得了社会学、生理学和象征意义上的定义。她所揭示的是包括她本人在内的西方资产阶级女性所特有的悲惨历史和处境，旨在通过解释"女性之形成"的各个阶段和条件，来告诫未来的女性不要再掉入社会传统的可怕陷阱中。她的最广为人知的观点便是：女人不是生就的，而是后天变成的。论著《建立一种模棱两可的伦理学》浓缩了波伏瓦对人生和社会所持的积极看法和态度，并涵盖了其所有虚构作品所要表达的思想体系。另一篇论文《皮鲁斯与西内亚斯》则探讨了有关死亡、荒诞及介入等形而上问题。小说《名士风流》、《人都是会死的》和《他人的血》阐述了主体在他人获取自由的过程中所负的责任，分析了主体与他者建立真正关系的种种条件。包括《一个循规蹈矩的少女的回忆》在内的四大卷回忆录则是波伏瓦在 50 岁之后撰写的，是她作为一段历史的见证者对自己的过去进行的一种有选择的讲述。正如她所承认的：我们从来就不可能认识自己，而只能讲述自己。

波伏瓦素有"战斗的海狸"之美誉。作为哲学家、文学家和女权主义者，波伏瓦的思想在当今世界依然闪烁着其独特的光辉。

（陈静　编译）

Beck, Béatrix

（贝阿特里克斯·贝克）（1914—2008 年）

小说家

Beck，Béatrix
（贝阿特里克斯·贝克）（1914—2008 年）

小说家

　　贝阿特里克斯·贝克 1914 年生于瑞士，父亲是比利时人，母亲是爱尔兰人。1936 年，她与一位无国籍的犹太人结婚。其丈夫后在 1940 年的一场战争中牺牲，留下她与女儿两人相依为命。1948 年，贝阿特里克斯·贝克发表第一部自传体小说《巴尔尼》（*Barny*），后担任安德烈·纪德的秘书，直至 1951 年后者去世。她于 1955 年加入法国国籍，后长期在美国和加拿大任教。她一生创作的小说、诗歌达 30 余部。受纪德创作的影响，贝克对书写自我和过往人生情有独钟，发表了一系列以犀利的文笔和语言的革新为特点的自传体作品，如《不寻常的死亡》（*Une Mort irrégulière*，1950）、《莱昂·莫兰神甫》（*Léon Morin prêtre*，1952）、《与上帝妥协》（*Des Accommodements avec le ciel*，1954）等。其中《莱昂·莫兰，神甫》为其成名作。该作品于 1952 年获龚古尔文学奖，并被成功翻拍成了电影。之后，贝克笔耕不辍，创作了诸如《诺丽》（*Noli*，1978）、《垃圾场》（*La Décharge*，1979）、《深夜来临之前》（*Devancer la nuit*，1980）、《眼珠》（*La Prunelle des yeux*，1986）及《斯岱拉·考夫》（*Stella Corfou*，1988）等多部小说。

　　在《莱昂·莫兰神甫》一书中，一位法国犹太战士的遗孀巴尔尼与女儿两人在第二次世界大战时期的法国艰难度日。一天，她结识了一位思想进步的神甫，后者常跟她一起谈论书籍和日常生活中的困难，当然也谈论那些每周日上教堂做礼拜的基督徒。巴尔尼从这些谈话中得到了许多慰藉，并开始渐渐为宗教所吸引。该书反映了贝阿特里克斯·贝克对人生与宽恕等问题的思考。她还热衷于在作品中创造一些独自一人挑战人生的女性形象。与西蒙娜·德·波伏瓦的观点相仿，贝克认为女性的悲惨处境与其自身的妥协不无关系，她欲重新为处于男性社会中的女性找到其"真正的"位置。1978 年发表的作品《诺丽》探讨了女同性恋者的爱情问题，该书以自传体式的第一人称写就，语言幽默，情节离奇，表明了作者欲使妇女摆脱"成见与谎言"的决心。《垃圾场》中，贝克的书写风格有所改变，她以天真得近乎诗意的方式来描写龌龊和肮脏，但却丝毫不减其现实意义。女主人公诺埃米一家被村里人打发到位于公共垃圾场边上的一个棚屋里生活，而那里其实是墓地。村里所有的垃圾都在那里腐烂、被焚烧。而这家人就喝着那里的水，活着的孩子与死去的孩子有着同样的名字，生与死就这样相伴着。该作品表明了作者对这个有着所谓正统观念的社会的批判。

贝克的作品表达了一种对生活的爱，并企图探寻生存的奥秘：生与死、快乐与痛苦、爱情与宗教等。但她最感兴趣的却是描写陷入困境中的女人的生活。而有关女性在社会中的角色问题，从贝克的早期作品反映出的观念不如其后期的客观和积极。后期作品中的女性已是自己的命运的主宰。这更加符合 20 世纪末的社会现实。

（陈静　编译）

Bellocq, Louise

（露易丝·贝鲁克）(1909 年—不详)

小说家

Bellocq, Louise
(露易丝·贝鲁克) (1909 年—不详)

小说家

露易丝·贝鲁克 1909 年出生于沙勒维尔,是儿童文学作家,一生共写了六部小说。她于 1960 年凭借作品《重新坠落的门》(*La Porte retombée*, 1960) 荣获费米娜文学奖。在颁发该文学奖时,受到评委贝阿特里克斯·贝克 (1952 年龚古尔奖获得者)的强烈反对,但因多米尼克·诺兰(1952 年费米娜奖获得者)的力挺,仍获得该奖。

《僻静之地的农场》(*la Ferme de l'ermitage*, 1955)是作者继第一部小说《美丽旅行的乘客》(*Le Passager de la Belle aventure*, 1952)后的第二部小说,作者将读者置身于第一次世界大战后波城朱朗松的葡萄种植园中,将田园诗式的风景描写与对寄宿学校生活的记叙相互穿插,讲述了那个时代对少女的情感教育。费米娜奖获奖作品《重新坠落的门》一书描写了一个 13 岁小女孩对生命和美逐渐觉醒的过程。这个女孩成长于朱朗松葡萄园种植区佩皮里杨的一个山坡上,对自己居住的那座优雅的小屋和邻居的农场产生了无拘无束的美丽遐想。她那近乎残酷的直白带着诗意,也不乏幽默。该书还可被看做是一部生动的有关贝亚省城堡的编年史,书中描述了坚定而不停劳作的人们,他们深深扎根于自己的葡萄园和传统中。

浪漫之旅——法国女性作家的生活与创作

　　作为一位儿童文学作家,露易丝具有细腻的笔法及想象,正如杜克拉对其颁奖时所说,她笔下的布景是精心栽植的,虽然有美丽的景色描写,但也不忘回到有思想的架构。她的小说充满活力与诗意,塑造出朱朗松、波城及比利牛斯等地的荣耀。

（文晓荷　编译）

Bernheim，Emmanuèle

（艾玛努尔·贝尔内姆）(1955 年—)

小说家、电影编剧

Bernheim, Emmanuèle
(艾玛努尔·贝尔内姆)(1955 年—)

小说家、电影编剧

艾玛努尔出生于 1955 年,1985 年发表了第一部小说《停顿切口》(*Le Cran d'arrêt*,1955),1988 年发表《一对夫妻》(*Un Couple*,1988),而 1993 年其第三部小说《他的妻子》(*Sa femme*,1993)终使她名利双收。小说获得了当年的美第西斯文学奖。与此同时,她还与弗朗索瓦·奥宗合作撰写了三个电影剧本:《沙之下》(*Sous la sable*,2000)、《游泳池》(*Swimming pool*,2003)和《5×2》(2004)。1998 年艾玛努尔独自创作了剧本《周五晚上》(*Vendredi soir*,1998),该剧本于 2002 年被改编成电影。2013 年其最新小说《一切都好》(*Tout s'est bien passé*,2013)讲述了其父亲选择安乐死的故事。

《他的妻子》讲述了一个 30 岁单身女医生克莱尔的故事,她因为丢失钱包而邂逅了汤玛斯,两人迅速成为情人。汤玛斯一点点地填满了克莱尔的全部生活,她沉浸在对未来两人世界的幻想中,尤其幻想能成为汤玛斯的妻子。可汤玛斯每天只能跟她待一个半小时,随后便得赶回家陪伴自己的妻子和孩子。直到有一天,汤玛斯才告诉克莱尔,其实他并没有结婚。可克莱尔需要时间来将那位"妻子"彻底忘掉,两人最后终于生活在了一起。喜欢上一个有妇之夫的故事并不新鲜。这种生活在期望与失望中交替着,夹杂着美好的相伴、漫长的等待和残忍的空缺。但这个故事的独特点在于强调了合法妻子对这对情人之间关系的影响。这个妻子形象成为维系两位情人感情的纽带。一旦这位"妻子"缺失,爱情似乎也变了模样。《一切都好》是艾玛努尔最新出版的小说,记叙了其父亲在瑞士选择安乐死前最后的那段日子。艾玛努尔的父亲切除过脾脏,在得过胸膜炎、肺血管梗死后发生脑血管意外。出乎意料的是,随着疾病一天天好转,父亲却想在痊愈时自己结束生命。这期间有亲人的反对,律师的辩护,还有与警察的纠纷(违法行为)。但父亲决心已下,在无人陪同的情况下(排除他杀嫌疑),喝下苦涩的药水结束了生命,以实现与自己母亲团聚的愿望。其他作品如《周五晚上》描写的是一位即将要与男友同居的女生的最后单身一夜的心理活动;《斯达隆》(*Stallone*,2002)讲述的是一个医科小秘书因为看了《斯达隆》这个关于拳击手的励志电影后,不再甘于平凡,将生活焕然一新的故事。

艾玛努尔的大部分作品都是从一些小事着手,讲述一些不经意的道理,且擅长描写人物的心理活动。而最后一部《一切都好》却探讨了安乐死这个话题,讲述的又是自己父亲的故事,风格显得有些沉重。

(文晓荷 编译)

Bertin , Célia

（塞莉娅·贝尔坦）（1920—2014 年）

小说家、记者

Bertin, Célia
（塞莉娅·贝尔坦）（1920—2014 年）
小说家、记者

　　塞莉娅·贝尔坦 1920 年 10 月 22 日出生于巴黎。她在费尼龙中学完成高中学业，随后获得索邦大学的英语文学学士学位。其毕业论文探讨了俄国小说（果戈里、屠格涅夫、陀思妥耶夫斯基、托尔斯泰、契诃夫）对英国当代小说（阿诺德·贝内特、弗吉尼亚·伍尔夫）的影响。在准备博士论文期间，她参加了抵抗运动，后被迫于 1943 年离开巴黎，同时中断了论文的撰写。战后的迷惘和百废待兴让她深感痛苦和失望。1946 至 1950 年，她成为《艺术》《文学费加罗报》和《巴黎画报》等报纸杂志的签约撰稿人。1951 年，她与皮埃尔·德·雷居一起在南部的圣保罗·德·旺斯市创办了杂志《小说》，以探讨小说创作的各种可能性。1946 年发表的第一部小说《渎神者的示威》（*La Parade des Impies*）刻画了她所熟悉的电影圈内部的阴郁氛围。小说《清白无辜》（*La Dernière Innoncence*，1953）为她赢得了 1953 年的勒诺多文学奖。此外，她还著有《反打镜头》（*Contre-Champ*，1954）、《一个幸福的女人》（*Une Femme heureuse*，1957）、《家庭关系》（*Liens de Famille*，1977）等小说，及随笔《妇女时代》（*Le Temps des Femmes*，1959）和传记《让·雷诺阿》等作品。

　　在《清白无辜》等作品中，她通过细致的描写，成功揭露了书中人物之间关系的奥秘。他们有的自相矛盾，有的虚情假意，互相之间误会不断，甚至还落井下石。激情之火往往被失望浇灭,家庭生活犹如受奴役般痛苦。人际关系中的种种丑态都被刻画得淋漓尽致。在贝尔坦看来,女性的悲惨境遇由来已久,且毫无转机。在1959年发表的随笔《妇女时代》中,她以清晰的条理揭露了自20世纪初以来女性所遭受的不公平待遇和命运。而《反打镜头》应是最能体现作者意图的作品了。这部小说几乎没有什么情节,只是一连串画面的呈现,仿佛电影中一般:战后,在法国南部,一群经历过战争和颠沛流离生活的人们希冀寻找生活的支点。他们同在海边的一所房子里度假,彼此之间毫无共同之处。他们各自遐想着,说着只有自己才懂的话,即使在夫妻之间也是如此。

贝尔坦尤其注重女性形象的塑造,认为妇女所属的阶层(资产阶级或其他)决定了她们的命运。不同阶层有着不同的法规和偏见,这些偏见和法规最终都会重压到女性身上。贝尔坦拥有非常自觉的现代女性意识,并在其作品中很早就有体现。

(陈静　编译)

Billetdoux, Raphaëlle (Marie)

[拉法艾尔（玛丽）·比耶杜] (1951 年—)

小说家

Billetdoux, Raphaëlle (Marie)

［拉法艾尔（玛丽）·比耶杜］（1951 年一）

小说家

　　拉法艾尔·比耶杜,2006 年更名为玛丽·比耶杜,是剧作家弗朗索瓦·比耶杜的女儿。中学会考后不久,她发表了一部自传色彩浓厚的小说《沉默女郎》(*Jeune – Fille en silence*,1971),在文学界崭露头角。两年后,小说《男人张开的双臂》(*L'Ouverture des bras de l'homme*,1973)为她赢得了路易丝·德·维尔莫兰等奖项。之后,她曾在《玛丽－克莱尔》杂志社当过一段时间的记者。小说《小心温柔陷阱》(*Prends garde à la douceur des choses*,1975)则获 1976 年行际盟友奖。她还凭小说《我的黑夜比你的白天还要美》(*Mes nuits sont plus belles que vos jours*,1985)成为 1985 年勒诺多文学奖得主。此外,她还著有《进来后关上门》(*Entrez et fermez la porte*,1991)、《空气》(*De l'air*,2001)、《无欲则死》(*Un peu de désir sinon je meurs*,2006)等作品。

　　拉法艾尔·比耶杜的小说或多或少与她的自我经历有关,她往往通过对一个女人从小到大的心路历程的挖掘,来给人以一种情感教育式的启发。《沉默女郎》由五个短篇叙事构成,描写了一位青春期少女眼中的那个既无法抗拒又充满危险的男性世界。而在《男人张开的双臂》中,作者一改上部作品中那种轻描淡写的风格,用浓墨重彩的方式着重刻画了一个男性意中人的形象。在其后的作品中,自传色彩逐渐变淡,取而代之的是一种性别化了的场景描写,男性与女性的世界有着截然不同的颜色,且彼此陌生。男人一味地想着要去征服,女人则寄希望于找到完美的意中人。不过,拉法艾尔·比耶杜笔下的女性并不软弱,虽然在追求理想式的爱情时会撞得头破血流,但在经历过痛苦和失败之后,她们往往会变得更加坚强。但这些女性通常都是孤军奋战,与擅长联合作战的女权主义者们的形象相距甚远。

拉法艾尔·比耶杜的作品构思奇特,语言讲究。她承认自己是在"做文学",倾向于以雅风式的遣词造句来衬托女性的高雅本质,从而使小说的叙述充满了魅力。她还制作过一部题为《女人是孩子》(*La Femme enfant*,1980)的电影。

（陈静　编译）

Bona, Dominique

（多米尼克·博纳）(1953 年一）

传记作者、小说家

Bona，Dominique

（多米尼克·博纳）（1953 年—）

传记作者、小说家

多米尼克出生于加泰罗尼亚地区，曾就读于索邦大学现代文学专业。父亲阿尔迪·孔特是历史学家、政治家。毕业后，多米尼克在"法兰西文化"（France Culture）和"法兰西国际"（France Inter）两家电台担任助理工作，后于巴黎日报担任记者及文学评论工作，1985 年开始在费加罗报文学版块工作。2013 年成为法兰西学院第 8 位女院士。作为小说家和传记作者，多米尼克共著有 16 部作品。她的第一部小说为《被偷走的时光》（*Les Heures volées*，1981）。故事发生在作者的故乡加泰罗尼亚，一个作者始终依恋的地方。在多米尼克的文学生涯中，她斩获了许多文学奖项。1987 年为罗曼·加里所著的传记《罗曼·加里》（*Romain Gary*，1987）获得了法兰西学院人物传记大奖，1992 年因小说《马里卡》（*Malika*，1998）获行际联盟奖，1998 年的小说《乌木港手稿》（*Le Manuscrit de Port – Ebène*，1998）获勒诺多文学奖，后成为该奖唯一的女性评委。

《乌木港手稿》讲述了圣多米尼克岛上甘蔗种植园园主的妻子经历奴隶解放的故事。女主人公留下了一本乌木港手稿。如今这本书到了编辑让·加缪的手里，由他之口讲述了这个女人的禁忌之爱。书中描写了暴虐的种植园主、愤怒的奴隶、算命游戏、使殖民地倾覆的混血人种、背叛者和无辜者。《黑色的眼睛》（*Les Yeux noirs*，1989）一书中，叙述者偶然在一家书店发现了一个黑色小盒,上面写着"有名作者的收藏",里面装着三位棕色裸女的照片,分别是爱莲娜、玛丽(波德莱尔的情人)和露易丝。叙述者通过探究,给读者讲述了这三位女子在美好时代与文人相恋的爱情故事。《贝尔特·莫里斯特》(*Berthe Morisot*,2000)是一部传记小说,贝尔特是画家马奈笔下钟情的模特。作者在欣赏了马奈为她创作的肖像画后,对她产生好奇,决定写出其背后的故事。该书讲述了贝尔特动荡的人生和始终在艺术和政治上忠于自己的故事。

多米尼克的作品多以写人为主,笔下的主人公多具神秘色彩,其人物故事是一个时代的缩写。

(文晓荷　编译)

Bouraoui, Nina

（妮娜·布拉维）(1967 年—)

小说家

Bouraoui, Nina
(妮娜·布拉维)(1967 年一)

小说家

妮娜·布拉维 1967 年出生于雷恩,父亲是阿尔及利亚人,母亲是布列塔尼人。妮娜与其姐姐在阿尔及利亚首都阿尔及尔生活了 14 年。同时受两种鲜明的文化影响,妮娜是一个传统而又孤僻的孩子。在母亲家的一个夏天,她得知父母决定再也不回阿尔及利亚了,背井离乡之感顿生。她在巴黎、苏黎世、阿布扎比度过了自己的青少年时光,后回到巴黎学习哲学和法律。她从小就被绘画和写作吸引,因为她认为写作可以使她在世界中找到位置。她说自己是在用身体写作,写作对于她来说是肉欲与精神合一的时刻。

《被禁止的窥视者》(*La Voyeuse interdite*, 1991)是妮娜的第一部小说,获得了国际图书大奖。这本书以幽居在修道院的女子的视角描写了阿尔及利亚社会,记叙了阿尔及利亚家庭中女性的边缘地位。《我的恶念》(*Mes mauvaises pensées*, 2005)在 2005 年获得勒诺多文学奖。书中讲述了有关联系、分别和相遇的故事,作者想通过这本书来探讨爱及生存之道,里面有她对自己的家庭、女朋友和两个祖国的深情描写。

她的小说主题主要是爱情、欲望、同性恋、流放、身份和烦恼。故事发生的背景带有她对阿尔及利亚记忆中的色彩与感受。她 1991 年发表的第一部小说就呈现了杜拉斯对其的影响。妮娜的写作风格不断在改变,最先发表的几部小说《被禁止的窥视者》、《死拳》(*Poing Mort*, 1992)、《海鳝的舞会》(*Le Bal des Murènes*, 1996 年)和《受伤的年纪》(*L'Âge blessé*, 1998)的文笔精致,充满诗意,与所探讨的主题如妇女状况、死亡、战争、跨年代的记忆等形成鲜明对比。之后的小说《地震之日》(*Le Jour du séisme*, 1999)、《假小子》(*Garçon Manqué*, 2000)、《幸福生活》(*La Vie Heureuse*, 2002)和《贝拉玩偶》(*Poupée Bella*, 2004)则进入一轮自我虚构(autofiction)式小说样式,虽然她本人并不承认自己在自我虚构。这些小说中的句子结构发生了变化,多用短句,形象与词汇并列,而主题变得更加具体:欲望、爱的追逐、混血问题、身份问题、性的问题、儿童和青少年时期最初的感情和感受及面对外界暴力的无力感等。在叙写了《我的恶念》之后,她才又回到了最初的那些主题上。

(文晓荷　编译)

Brisac, Geneviève

(热奈薇艾芙·布里萨克)(1951 年—)

作家、编辑

Brisac, Geneviève

(热奈薇艾芙·布里萨克)(1951 年一)

作家、编辑

热奈薇艾芙·布里萨克 1951 年 10 月 8 日出生于巴黎,师范学院毕业之后一直从事跟文学有关的职业,她还曾一度在塞纳 – 圣 – 德尼斯(Seine – Saint – Denis)大学任教。她青少年时期有相当长一段时间是在厌食症的困扰下度过的,在一本 1994 年出版的自传体小说《小女孩》(Petite)里关于这一时期的描写比比皆是。布里萨克出生于一个知识分子家庭,在多元文化的氛围中长大,因此她深谙知识的重要性,希望通过文字传达给读者这样的一条讯息,即读书和受教育能够影响和改变人的生命轨迹。在这种意愿的驱使下,她开始教书,并且成为了伽利马出版社的编辑。她的处女作《女孩们》(Les Filles)也是在此出版社问世。现任法国著名童书出版社"开心社"(L'École des loisirs)儿童文学的主编,负责编写一系列少儿丛书,如《苍蝇、新东西和通灵者丛书》(Les Collections Mouche, Neuf et Médium)等。她总共写过 20 余本青少年读物,另外还写过 11 部面向成年读者的作品,其中作品《周末寻母》(Week – end de chasse à la mère, 1996)获得了当年的费米娜文学大奖。布里萨克有时还做客"文化法国"节目,作为访谈嘉宾,与读者进行互文性交流。其中一期的话题为"文学的出路"。2007年 1 月,她加入了一个法国的非政府非营利性组织"无国界图书馆"(Bibliothèques Sans Frontières),该组织致力于发展中国家的教育普及。

2012 年法国总统大选期间,她支持候选人即现任总统弗朗索瓦·奥朗德。

布里萨克最著名的一套少儿故事集名叫《小丫头奥尔佳》(*Le Grand livre d'Olga*)。故事中的小主人公奥尔佳热衷于冒险,怀有强烈的反叛精神,敢于向成人世界俯拾皆是的谎言和不公正现象挑战。在奥尔佳身上,仿佛体现了 19 世纪法国作家马塞尔·施瓦布(Marcel Schwo)笔下人物的一句话:"用心过好当下的每分每秒吧,那才是真正的生活。"在她写给成年人的作品中,散文集《离天堂很远》(*Loin du Paradis*)是献给当代美国南方女作家弗兰纳里·奥康纳(Flannery O'Connor)的一部作品,另外还有短篇小说集《您把自己当谁了》(*Pour qui vous prenez - vous*),散文集《骑士的行进》(*La Marche du cavalier*)等。

热奈薇艾芙·布里萨克有着深厚的语言功底和相当高的文学修养,这得益于幼时在拉丁区卢森堡公园里保姆和奶奶给她讲过的童话故事,她由此深知孩提时代文学启蒙教育的重要性。她的儿童文学作品语言清新活泼,富有哲理又不落窠臼,深受孩子们喜爱。她的成人文学作品的文字经得起仔细推敲。她的作品现已被翻译成十几种语言。

(张逸琛　编译)

C

Charles – Roux, Edmonde

(埃德蒙德·查尔斯 – 胡)(1921 年—)

记者、小说家

Charles – Roux,Edmonde
(埃德蒙德·查尔斯 – 胡)(1921 年—)

记者、小说家

埃德蒙德的父亲是一位大使,也是苏伊士运河国际公司最后一位总经理。第二次世界大战期间,埃德蒙德成为一名护士志愿者,在凡尔登抢救一名士兵时受伤。后来她仍作为护士参与了法国抵抗运动。战争结束后,她被授予战争十字勋章,并成为外籍军团骑士。在《Elle》杂志社工作两年后,她成为《Vogue》的专栏记者,并迅速升为杂志主编,在这个职位上她工作了 16 年。她尝试将奢侈品民主化,将时尚与各种创造形式联系起来,将社会名流如作家、摄影家和时尚人士等聚集在一起。1966 年,她因为尝试将一位有色人种的女子作为杂志封面,遭到非议,随后离开《Vogue》。1966年,埃德蒙德发表了小说《忘记巴勒姆》(*Oublier Palerme*,1966),获得龚古尔奖,至此她开始了自己颇负盛名的文学生涯。《她,阿德莲娜》(*Elle, Adrienne*,1971)、《不规则——一部关于香奈儿的传记》(*L'Irrégulière*,1974)、《东方欲望——一部关于香奈儿的传记》(*Un Désir d'Orient*,1988)、《我曾经是一个流浪者》(*Nomade j'étais*,1995)和关于她丈夫的图文传记《马赛人》(*L'Homme de Marseille*,2001)都让她为大众所熟知。

《忘记巴勒姆》讲述了巴布斯融入纽约生活的故事。巴布斯在纽约的一个杂志社工作,但她并不知足,整日想着如何才能跳出这个小世界,而要想出头必须学会钻营和虚伪。日安娜是巴布斯来自巴勒姆的朋友,她从西西里岛的轰炸中逃脱,来到纽约重新生活。可无论怎样努力,日安娜始终无法融入纽约这个大都市。与她形成对比的是巴布斯和卡尔明娜,她们尝试忘记家乡的根,努力与美国社会融为一体,但是关于西西里的记忆总是回到她们的脑海。龚古尔学院的弗朗索瓦·努瑞斯对这本书的评价是:"一方面描写了充满灰尘、恐惧、苦难和对海怀有强烈激情的西西里巴勒姆,另一方面则描写了节奏紧张、竞争激烈、金钱至上的商业大都市……这本书对我们来说之所以如此厚重、丰富、充满了真实的生活和温柔,是因为作者不拘泥于当今的文学潮流,将自己置身于回忆和想象之中。"

1983 年,埃德蒙德进入龚古尔学院,并于 2002—2014 年间担任龚古尔学院主席。她一直拥有崇高的声誉,曾受到戴高乐、萨科齐和奥朗德的接见。贝尔纳·比渥(2014 年成为龚古尔学院主席)对她的评价是"欢乐和充满活力",贝尔纳-亨利·乐维(新哲学家运动开创者)认为她的作品"充满战斗力和炽热感",皮埃尔·贝尔锐(伊夫圣洛朗合伙人)对她的评价是"优雅、谨慎、才华横溢"。

(文晓荷　编译)

Chedid, André

（安德烈・施蒂德）（1920—2011 年）

小说家、诗人、剧作家

Chedid, André
(安德烈·施蒂德)(1920—2011 年)

小说家、诗人、剧作家

安德烈·施蒂德生于埃及开罗一个富裕家庭,祖籍黎巴嫩,曾去英法等国学习,精通英文、法文和阿拉伯文。1942 年结婚后,与丈夫一起去了黎巴嫩。1946 年起正式定居巴黎。期间经常去埃及和美国等地小住。1943 年用英文发表第一部诗集。她一生著作等身,共发表了 20 多部诗集、6 部剧作、10 多部长篇小说及若干中篇小说集。此外,她还著有一些论文随笔集及儿童文学作品。其诗作曾获路易丝·拉贝奖(1966 年)、诗歌金鹰奖(1972 年)、马拉美奖(1976 年)及龚古尔诗歌奖(2002 年)等多个奖项。主要诗集有《写给活着的人》(*Textes pour le vivant*,1955)、《写给热爱的土地》(*Textes pour la terre aimée*,1955)、《被凝望的大地》(*Terre regardée*,1957)、《只有面孔》(*Seul, le visage*, 1960)、《活人之艰辛》(*Epreuves du vivant*, 1983)、《词语之外》(*Par – delà les mots*,1995 年)、《节奏》(*Rythmes*,2002)及《宇宙之锦》(*L'Étoffe de l'univers*,2010)等。小说类作品包括《困意顿消》(*Le Sommeil délivré*, 1952)、《约拿单》(*Jonathan*, 1955)、《第六天》(*Le Sixième jour*, 1960)、《另一个》(*L'Autre*, 1969)、《复杂的孩子》(*L'Enfant multiple*, 1989)、《留言》(*Le Message*, 2000)等。剧作有《数字》(*Les Nombres*, 1968)、《人物》(*Le Personnage*, 1998)及《最后一位候选人》(*Le*

Dernier candidat, 1998)等。

对安德烈·施蒂德来说,诗歌拥有的最本质的功能就是能带人们找到世界的精髓。她在诗中尽情歌唱人生的价值和意义,对生活、当下和他人倾注了无限的激情,表达了她热切渴望与人交流、追求爱情和拒绝陷入失望之泥潭的情感。因此,脸、目光、空气、鸟儿、流水、太阳、道路、旅行和出生等意象在其诗歌中频繁出现。她的剧作多为情景剧,且富有激情,有的揭露人们对财富和权力的欲望,如《耍把戏的人》(*Le Montreur*),有的讽刺兄弟姐妹间的冲突与残杀,如《数字》,有的则引发人们对绝对权力和正义之关系的思考,如《埃及的贝雷尼斯》(*Bérénice d'Egypte*)等。安德烈·施蒂德的小说通常从女性的角度来颂扬正义之梦的长久。《约拿单》中的女主人公丽安娜就跟《圣经》中讲到的以色列国王的长子约拿单那样,愿意去帮助那些最不幸的人。而作家的首部小说《困意顿消》则完全是一篇对爱情、正义、女性之美及其创造力的辩护词。除探讨夫妻之爱和母爱之外,作家的另一重大主题便是女人心中那根深蒂固的苦恼,这些苦恼最终都会导致暴力或谋杀。

安德烈·施蒂德一生致力于寻求"人类真实性之普遍意义"。她的作品是多种文化的融合:在东方的背景下活动的多为欧洲人。她的作品处处散发着自由和独立思想的光辉。她不愿意被人称作女权主义者,认为自己首先是一名作家,女性的身份则在其次。

（陈静　编译）

Cixous, Hélène

（埃莱娜·西苏）(1937 年—)

小说家、戏剧家、文学理论家

Cixous，Hélène

（埃莱娜·西苏）（1937 年—）

小说家、戏剧家、文学理论家

    埃莱娜·西苏 1937 年出生于阿尔及利亚的奥兰，父亲是一名祖籍奥地利的犹太医生。西苏的母语是德语。童年时，她亲眼目睹了德国法西斯对犹太人的迫害，这些痛苦经历都将被写进后来的论著《新诞生的青年女子》（*La Jeune Née*，1975）及故事《坟墓》（*Tombe*，1973）中。西苏在法国波尔多完成大学学业，后取得教师资格证。1968 年，她通过了有关爱尔兰著名小说家詹姆斯·乔伊斯的博士论义答辩。1968 全 1976 年，她在巴黎各大出版社发表了约十五部著作及多篇论文。其中，《妇女》出版社出版的剧作《多拉的画像》（*Portrait de Dora*，1976）使她在先锋派作家圈中名声大噪。其抒情诗《俄狄浦斯的名字》（*Le Nom d'Oedipe*，1978）由作曲家布库什利夫谱曲，并被克洛德·雷吉搬上了 1978 年阿维尼翁戏剧节的舞台。1967 年，她发表了第一部小说《上帝的名字》（*Le Prénom de Dieu*）。1969 年，小说《内部》（*Dedans*）出版并获当年的美第西斯奖。西苏还是法国女性主义学派的代表人物，是她开创了"女性写作"的神话。她撰写的《美杜莎的笑》（*Le Rire de la Méduse*，1975）、《从无意识的场景到历史的场景》（*De la scène de l'inconscient à la scène de l'histoire*，1986 年）等女性主义理论著作，在国际学术界引起了极大反响。

    西苏对写作方法和语言艺术进行了大胆探索和实践。她认为，作家应或快乐或荒谬地霸占语言。这一诗艺观使得她有别于同时代其他作家,但却与讲究句法的马拉美及"语言工程师"丹尼斯·罗什等先锋派诗人、言语哲学家拉康及解构主义大师德里达等人达成了某种默契。他们都面向一种"未来"的写作。而詹姆斯·乔伊斯对西苏书写观的影响同样也是不可否认的。她的"小说"描写的通常是她与其他文学作品的作者或某种思想相遇时的对话,如《中性》(*Neutre*,1971)、《呼吸》(*Souffles*,1975)、《太阳的画像》(*Portrait du Soleil*,1974)等。而其对话者往往超出了时空之外,有埃德加·坡、让·热奈特、拉康、弗洛伊德,及乔伊斯、莎士比亚、卡夫卡、歌德、荷尔德林等。然而,比起对语言进行革新和与他人他作对话来讲,西苏有一个更为本质和特别的追求,那便是"女性写作"。她呼吁女人通过写作去改变自己受奴役的地位。女人没有自己的语言,那就用身体来写作,用乳汁来写作,必须让自己的身体被听见。她是这么说的,也是这么做的。事实上,她自己的大部分作品都是描写女性的:《太阳的肖像》描写了女人的歇斯底里症,《内部》则是对拘禁少女现象的质问,《第三个躯体》(*Le Troisième Corps*,1970)、《开始》(*Les Commencements*)及《坟墓》探讨了夫妇关系和性爱问题,《呼吸》则直接描写了女人的身体和快感。而在探索女性的写作语言及其爱情观的过程中,西苏大量阅读了原籍波兰的巴西犹太作家克拉丽斯·李斯佩克朵的作品,从中受益匪浅。

埃莱娜·西苏与朱丽娅·克里斯蒂瓦、露西·伊利格瑞一起被看做是法国女性主义学派的代表人物。她的众多作品及女性主义理论正越来越显示出其生命力。

(陈静　编译)

Colette, Sidonie – Gabrielle

（茜多尼－加布丽埃尔·柯莱特）（1873—1954 年）

小说家、回忆录作家

Colette, Sidonie – Gabrielle
(茜多尼－加布丽埃尔·柯莱特)(1873—1954 年)

小说家、回忆录作家

　　柯莱特 1873 年 1 月 28 日出生于法国中部勃艮第的乡间,在母亲"茜多"身边度过了幸福的童年。父亲爱好写作。1890 年后,家道中落。20岁上,柯莱特嫁给了 34 岁的亨利·高迪耶－维拉尔(笔名维利),一个文学投机商。婚后两人来到巴黎。在丈夫的监督下,柯莱特创作了带有自传性质的《克洛迪娜》四部曲,小说署名维利。1906 年离婚后,她边在歌舞场工作边坚持写作。1909 年至 1910 年,柯莱特担任《晨报》的记者兼评论员,并结识了将成为其第二任丈夫的外交官亨利·德·若弗奈尔。再婚后育有一女。51 岁时,她再度离婚,并迎来了其创作的旺盛期:《谢里宝贝》(Chéri, 1920)、《克洛迪娜的房子》(La Maison de Claudine, 1922)、《尚未长穗的麦子》(Le Blé en herbe, 1923)、《躲在后面的女人》(La Femme cachée, 1924)、《日出》(La Naissance du jour, 1928)及《第二个》(La Seconde, 1929)等作品相继发表,之后又创作了一系列自传色彩浓厚的作品。1935 年,她与莫里斯·古德盖结为伉俪,并当选为比利时皇家学院法语暨法语文学院院士。1945 年,柯莱特入选龚古尔学院院士,1949 年当选主席。柯莱特至晚年七十余岁仍精力旺盛,笔耕不辍,一生共创作六十多部作品。她的全部作品被汇编成了 15 卷,1949 年由古德盖所创立的弗拉贡出版社结集出版。1953 年,她被授予法国二级荣誉勋位。1954 年 8 月 3 日柯莱特在巴黎的公寓去世。法国政府为她举行了国葬,遗体被安葬在了贝尔拉雪兹公墓。其主要作品还有《葡萄卷须》(*Les Vrilles de la vigne*,1908)、《流浪女伶》(*La Vagabonde*,1911)、《茜多》(*Sido*,1929)、《母猫》(*La Chatte*,1933)、《二重奏》(*Duo*,1934)和《吉吉》(*Gigi*,1944)等。

柯莱特的作品是一座弘扬女性主义的堡垒,它们以极大的热情讴歌了女性之美、女性之力量。她曾由衷地称赞说:"女人真是太强大了!"童年时与母亲之间的和谐和爱给了柯莱特以力量的无限源泉,使得她敢于拒绝资产阶级性别等级观念,积极乐观地争取自我的个性解放和独立。而童年时期在花园里度过的美好时光则让柯莱特迷上了神秘莫测的大自然。大自然的生生不息、周而复始赋予了柯莱特以乐观和信心。正是从柯莱特开始,女性才终于成为了叙述语言的主体和客体。从《克洛迪娜》系列中的假小子形象,到新时代的双性女孩形象,再到《谢丽的结局》中的那个易受伤害但却依然强悍的成熟女子形象,柯莱特对西方女性形象的种种做了全面而深刻的刻画。所有的女主人公都会在感情上经历危机,但绝不因此而一蹶不振,她们最终都会获胜。爱情带来的痛苦和凌辱对女人的一生来说是短暂的,她会重新振作起来,继续寻找自我身份,坚定地发出自己的声音。柯莱特在作品中经常会描写男女之间的痛苦之爱,因为男人是她"亲爱的敌人",但另一个主题也很常见,那就是女人之间的默契。男人不能保证女人的幸福,女人只有在其他女人的帮助下才能走上幸福之路。《流浪女伶》一书在很大程度上是自传性质的,描写了柯莱特离开丈夫维利之后,在歌舞场谋生的经历。不再年轻的女主人公独自一人艰难生活着,她希望通过演艺生活来改变自己,以重获自由和内心的平衡。一个男子希望跟她共同开始人生,但却遭到了拒绝,因为这个男人在她眼里就像是敌人,甚至低她一等。

柯莱特的作品被 20 世纪 70 年代女权主义者们奉为灵感的源泉和女性

自主创造力的楷模。她是一位由表及里、不折不扣的伟大女性,对自然、社会乃至政治有着极强的洞察力。她的作品文笔优美、优雅隽永。她对自我女性身份的执著追求,及敢于直面人生的乐观态度,将继续鼓舞着后世的女性去不断奋斗。

(陈静　编译)

Constant，Paule

（葆拉・康斯坦）（1944 年—）

小说家

Constant, Paule
(葆拉·康斯坦)(1944 年—)

小说家

　　葆拉·康斯坦跟随行医的父亲在非洲(喀麦隆、吉布提、阿尔及利亚、突尼斯)度过了自己的大部分童年。完成学业后,她嫁给了一名热带病专家,因此而接触了更多非洲国家(科特迪瓦、塞内加尔)。后在法国埃克斯－马赛三大教授文学,并担任《两个世界杂志》的"每月记事"之文学专栏主编,专门介绍女性作家作品。1980 年,她的第一部小说《乌尔加诺》(*Ouregano*)发表。迄今为止,她已出版长篇小说十余部,作品被译成了二十多种文字,其中主要有:《私有财产》(*Propriété privée*,1981)、《巴尔塔》(*Balta*,1983)、《白色幽灵》(*White Spirit*,1989)、《典狱长官的女儿》(*La Fille du Gobernator*,1994)、《心心相诉》(*Confidence pour confidence*,1998)、《糖和秘密》(*Sucre et secret*,2003)及《悲伤的动物》(*La Bête à chagrin*,2007)等。其中小说《心心相诉》使她成为 1998 年龚古尔文学奖得主。葆拉喜欢旅行,并经常被世界各地的大学邀请去主持各种关于文学创作和女性写作的讲座。另外,葆拉还在艾克斯－普罗旺斯创建了"吉奥诺法国南方作家中心"。同时,她还担任了费米娜奖、吉奥诺奖等五项文学奖的评委。

　　葆拉·康斯坦的每部作品都自成一体,但其作品总体则犹如一部当代的人间喜剧,揭露了南北方之间的根本对立。葆拉·康斯坦对非洲情有独钟。在最初的几部非洲题材的小说中,她无意于对现实进行剖析,而是以一种神秘的方式来描写这块神奇的土地,通过刻画淳朴自然的非洲大地、河流、天空、树木、动物和居民来映衬被进步异化了的现代社会,是孩子们最早意识到了这种不和谐。在《乌尔加诺》中,白人小姑娘蒂法妮亲眼目睹了殖民地社会的瓦解和堕落,看到了世界之歌永恒的信号。在《贝尔塔》中,一个黑人小孩在由水泥筑成的庞然大物般的城市中苦苦挣扎着,是他奇迹般地向人们揭示了一个濒临绝境的世界的信号。在《白色幽灵》的地狱中,那个猴孩唤起了每个人身上的人性。论著《一个适合女孩生存的世界》(*Un Monde à l'usage des Demoiselles*,1987)是葆拉·康斯坦为广大妇女所写的辩护书。她企图表明,女性在历史上与许多殖民地人民一样,忍受着男性社会强加给她们的严酷法律,被男性世界的意识结构所禁锢。女性的历史是一部类似殖民地人民涵化的历史,她们将殖民者(男性)的形象无限夸大,自己的真实形象则被无限贬低。女性与自然一样,都被异化了。她们在男性的奴役下,不知不觉成了奴化自己的帮凶。《典狱长官的女儿》是葆拉的代表作:克雷蒂安娜7岁时跟随父母来到了卡宴,父亲将出任那里的典狱长。她的童年将在冷酷而多情的苦役犯身边度过,癞蛤蟆和流浪狗则代替布娃娃成为她儿时的朋友。

葆拉·康斯坦作品中的人物大多生活在非洲或美国,这与她从小的经历不无关系,对那些曾经生活过的土地的理解和热爱是葆拉作品成功的关键。而从不同侧面和角度来描绘同一些人物和地点是葆拉作品的又一特色,这使得其作品间的互文性关系昭然若揭。

(陈静 编译)

Corthis, André

(安德烈·柯蒂斯) (1882—1952 年)

小说家、诗人

Corthis, André

（安德烈·柯蒂斯）（1882—1952 年）

小说家、诗人

安德烈·柯蒂斯生于 1882 年 4 月 15 日巴黎第八区，卒于 1952 年 8 月 8 日巴黎十七区，是画家鲁道夫·朱利安的侄女。她出身高贵，父亲是上尉让·马利·羽松，母亲是伊尔麦特，她原名叫安德丽儿·羽松（Andrée Husson），但由于众所周知的原因——女性作家不被重视——安德丽儿决定为自己取一个男性笔名，于是安德烈·柯蒂斯应运而生。12 岁时，她便开始研究韵律，尝试写诗。她于 1906 年 6 月 21 岁时出版了处女诗集《宝石和波纹绸缎》（*Gemmes et moires*），并凭借此作获得了费米娜文学奖。之前的柯蒂斯只是文坛当中的无名小卒，但仅仅半年之后，她的名字和肖像便频频出现在各大杂志和报纸上。她坦言自己受到了几位诗歌界大师级人物的巨大影响，他们分别是：波德莱尔、雷尼埃和魏尔伦，其中受魏尔伦的影响最大。1919 年她获得了沃兰西学院文学大奖，获奖作品是《只为我》（*Pour moi seule*）。

《宝石和波纹绸缎》出版之后，柯蒂斯转而开始创作小说，并于 1908 年至 1951 年间发表了三十多部小说，其中不乏精品之作，包括《他真正的女人》（*Sa vraie femme*，1920）、《继母》（*La Marâtre*，1920）、《早熟的宽恕》（收入精选集《明日之书 9》，*Le Pardon prématuré*，*Collection：Le Livre de demain*；9，1925）、《赎罪的受害者》（收入精选集《明日之书 41》（*Victime expiatoire*；

Collection：*Le Livre de demain* 41，1926）、《激情》（*Passion*，1928）、《西班牙朝圣记》（*Pèlerinages en Espagne*，1930）、《火焰的呼唤》（*Appel de flammes*，1932）及《暴风雨中的春季》（*Le Printemps sous l'orage*，1934）等。

　　《宝石与波纹》这部诗集充分展现了作者的文学天赋。作者驾驭辞藻从心所欲，使用动词时态精确到位，句子结构干净利落，意象描写得既简洁又不失精准，这一切都构成了柯蒂斯诗歌中独特的韵律和美感。她的诗句处处透出女性独有的温柔情愫和对世间万物的怜悯，然而有时又不乏些许男性的阳刚气息，因此结合了两性特征的柯蒂斯的文字便显得十分与众不同。虽然她的某些表述可能接近矫揉造作，然而却能真切地触动读者心中最柔软的一面，让回忆随之自然流淌出来，留给我们一些清晰又深刻的启示。

（张逸琛　编译）

Cusset,Catherine

(卡特琳娜·顾塞)(1963 年—)

小说家

Cusset，Catherine

（卡特琳娜·顾塞）（1963 年—）

小说家

　　卡特琳娜 1963 年出生于巴黎，父亲是布列塔尼人、天主教徒，母亲是巴黎犹太人。卡特琳娜毕业于巴黎高师，专业为古典文学，1991 – 2002 年在耶鲁大学教授 18 世纪法国文学，后成为全职作家。卡特琳娜在美国居住了 20 年，期间曾在布拉格旅居两年，现与其美国丈夫和女儿居住在曼哈顿。

　　1990 年卡特琳娜发表第一部小说《罗马尼亚女罩衫》（*La Blouse roumaine*，1990）。这本小说讲述了一位已婚法国女人和美国男人通奸的故事。这位法国女人自以为可以控制好这次冒险，但最终还是难逃被自己的丈夫和情人抛弃的命运。卡特琳娜的第二部小说《因为天真》（*En toute innocence*，1995）出版于 1995 年，曾角逐当年的费米娜奖，并得到龚古尔奖提名。该小说以第一人称叙述了主人公玛丽从 12 岁到 20 岁间所遭受的性虐待和性侵等不幸。2008 年，卡特琳娜发表其第 9 部小说《美好的未来》（*Un Brilliant avenir*，2008），获得了高中生龚古尔奖（Prix Goncourt des Lycéens）。该书讲述了伊莲娜追求美好未来的故事。1958 年，22 岁的伊莲娜不顾父母的反对嫁给了犹太人雅各布，心中萌生了离开祖国罗马尼亚，移民美国，以给儿子开启更美好未来的想法。他们首先移民到了以色列，后绕道意大利来到美国。经过艰苦奋斗，他们有了自己的房和车，儿子更是考上了哈佛大学，一切都似乎走上了正轨。孰料不久，儿子竟喜欢上了一个法国女人，并娶其为妻。这可不是伊莲娜希望看到的儿子的未来。于是，一场婆媳之争便拉开了序幕。但渐渐地，伊莲娜与儿媳之间的关系由紧张转为和解，最后竟成了相亲相爱的一家人。该作品文笔细腻，充满活力，情节引人入胜，感情真挚，同时反映了两个时代的政治和社会，有一定的思想深度，因而受到了包括《新观察家》、《费加罗报》、《快报》和《十字报》在内的多家报刊的好评。

卡特琳娜的某些作品如《享受》(*Jouir*, 1997)、《家仇》(*La Haine de la famille*, 2001)、《一个吝啬女人的忏悔》(*Confessions d'une radine*, 2003)及《纽约—周期日记》(*New York – Journal d'un cycle*, 2009)等受到了自我虚构式小说潮流的影响，而另一些作品则具有更鲜明的小说性，反复出现家庭、欲望、美法两国文化冲突等主题。她的文笔直接、尖锐、直观而凝练，颇有益格鲁撒克逊作家的风格。

（文晓荷　编译）

Darrieussecq,Marie

(玛丽·达里塞克)(1969 年—)

小说家

Darrieussecq,Marie
（玛丽·达里塞克）（1969 年—）

小说家

　　玛丽·达里塞克 1969 年出生于大西洋比利牛斯省巴约讷。母亲是法语老师，父亲是技术工人，她继承了父母的优点，成为了一名文字的技术工人。因为家族有一个图书馆，经常光顾图书馆的习惯让她自幼就爱上了文学。1990 年，玛丽·达里塞克进入巴黎高师现代文学专业学习，后在巴黎三大和七大继续学业，毕业后在里尔大学教授课程。1996 年她发表了自己的第一部小说《自明之理》（ *Truismes*，1996），其实她之前已写出 5 部小说，但自认为不能发表。《自明之理》在法国境内外都产生巨大反响，并进入到龚古尔奖的最后一轮筛选。这部小说讲述了一位患善饥症的女性美学家逐渐变成母猪后经历的一系列的故事。该小说很明显受到了卡夫卡式荒诞的影响，充斥着大胆和讽刺。该小说销量超过百万并被翻译成了 30 多种语言。

　　1997 年，玛丽·达里塞克辞去教师工作，成为专职作家，出版了《幽灵诞生》（ *Naissance des fantômes*，1998）、《晕船》（ *Le Mal de mer*，1999）等近 10 部作品。2007 年她发表《汤姆死了》（ *Tom est mort*，2007）一书，被指责涉嫌主题抄袭。2009 年，她专门发文探讨文学纷争问题。2013 年，小说《应该深爱男人》（ *Il faut beaucoup aimer les hommes*，2013）获美第西斯奖。小说中，出身于完全白人环境的索朗吉对黑人古胡艾索一见钟情，遇见他后，索朗吉才开始思考什么是黑人及肤色等问题,也才发现自己是白人,而她之前竟对这一点毫无察觉。古胡艾索有一个主意,他想去刚果拍一部电影,而索朗吉则冒险追随着他,来到了喀麦隆和赤道几内亚的国境线,到达了恩特姆河边。那里到处都是原始森林。这时,索朗吉感觉自己被忽视了,而他们之间的障碍似乎就是这些原始森林。

玛丽·达里塞克的小说都是有关某一方面的思维定式的,如《自明之理》是有关妇女的,《宝贝》(*Le Bébé*,2002)则是有关母性和分娩的,《国家》(*Le Pays*,2005)探讨了小国问题,《汤姆死了》则涉及死亡和丧礼,《应该深爱男人》的中心则是女性和混血人种问题。每本书都分析了一些人们不用思考就说出来的观点。那都是些陈腔滥调,将人们固定在了一种形象、一种态度中,连后来者都难以摆脱这些思维定式,所以应该对这些陈词滥调持批判态度,让人们的思维重新活跃、自由起来。她认为文学的作用就是让人物活起来,重构典型化人物以给人们提供新的可能性。在这个过程中,想象力起了很大作用,它像一把刨子除去了这些陈词滥调,让人们以新的方式去思考世界。文学就是得带人走出去,以另一种方式思考,帮助人们去除陈旧的观点,将语言擦得锃光发亮。

（文晓荷　编译）

Delay，Florence

（弗洛朗丝·迪莱）（1941 年—）

小说家、戏剧家、翻译家

Delay，Florence
（弗洛朗丝·迪莱）（1941 年一）

小说家、戏剧家、翻译家

　　弗洛朗丝·迪莱于 1941 年 3 月 19 日出生于法国巴黎，母亲是精神病学家玛丽－玛德莱娜·嘉利兹（Marie－Madeleine Carrez），父亲是法兰西学院院士、著名作家让·迪莱（Jean Delay），哥哥是作家、精神分析学家克洛德·迪莱（Claude Delay），丈夫是著名电影制片人毛里斯·博尔纳尔（Maurice Bernart）。弗洛朗丝·迪莱曾就读于让－德拉－枫丹（Jean－de－La－Fontaine）高中，毕业后去索邦大学学习西班牙语，之后在新索邦－巴黎第三大学（Sorbonne Nouvelle－Paris 3）教授普通文学和比较文学。她的文学成就主要是在小说、散文方面。她还与法国诗人、数学家雅克·卢波（Jacques Roubaud）合作编写了 10 部剧本，合起来成为"格拉阿尔系列戏剧"。迪莱精通西班牙语，翻译过大量西班牙文学作品。1962 年，21 岁的迪莱在罗贝尔·布莱松（Robert Bresson）的《贞德审判案》（*Procès de Jeanne d'Arc*）中出演法国民族女英雄贞德。30 岁时，她发表了第一部教育小说《夜半游戏》（*Minuit sur les jeux*，1973）。1983 年，她凭《有钱的轻浮女》一书（Riche et légère）获得费米娜奖。1990 年，她的《埃特莱芒迪》（*Etxremendi*）获得弗朗索瓦·莫里亚克奖。1999 年，她获得巴黎市小说大奖。同年，她的《奈瓦尔》（*Dit Nerval*）获得法兰西科学院杂文奖。她关于戏剧评论的观点被收录在《新法语杂志社笔记》中，并在新法语杂志社（伽利玛出版社前身)出版。另外,她曾是费米娜奖的评委(1978—1982 年),也是伽利玛出版社审阅委员会委员(1979—1987 年),还是《批评杂志》(*Critique*)编辑委员会的成员(1978—1995 年)。2000 年 12 月 14 日,她当选为法兰西科学院院士,接替了排名第 10 位的让·吉东(Jean Guitton)。

迪莱的小说《雾角悠悠》(*Le Aïe aïe de la corne de brume*,1975)描绘了一段温白开水般的爱情。全书共分五个章节,分别为这段爱情的五个阶段。服装售货员夏利对女主人公阿黛尔暗生情愫,这段爱情来势汹汹,一心以家庭为重的阿黛尔一开始对这份狂热的爱情无动于衷,最后终于决定敞开心扉,收获了幸福。这部小说的基调十分奇特,有两条脉络同时延伸:一条是主人公错综复杂的情感世界;另一条是平淡乏味的巴黎桑蒂埃街区的日常生活。两者被别出心裁地组合在了一起,这种略显不和谐的组合还有很多,比如书中一些类似克莱芙王妃的虐心的情感挣扎,与拳击手科恩对布蒂埃比赛的激动场面混合在一起,而过于细腻的爱情游戏,也与成衣售货员的奸诈诡谲掺杂到一块。但是,夏利和阿黛尔并没有因此而效仿那些离自己很遥远的高高在上的爱情典范,在阻碍面前他们没有束手就擒,相反,他们通过一种有意识或无意识的对彼此差异的探索,终于品尝到了"爱的快乐"。

戏剧对于弗洛朗丝·迪莱来说,不仅仅是一种表达自己想法的实践行动或艺术形式,而是一种生存方式,一种审美思维。在迪莱看来,观看一部戏剧就如同在生活的舞台上徜徉。舞台上的一幕幕清晰地向我们展示了生活中的全部,既有众所周知的事实,也有私密的瞬间。在这个舞台上,友情与爱情,剧本作者与演员,真实的自我与穿着戏服化着妆的人物,彼此都融为一体,在人生抑或戏剧中迷失着。

(张逸琛　编译)

Despente, Virginie

（维尔吉尼·戴斯朋特）（1969 年—）

小说家、导演

Despente，Virginie

（维尔吉尼·戴斯朋特）（1969 年—）

小说家、导演

　　维尔吉尼在参加成人高考后，离开了故乡南希到里昂生活。在里昂她从事了很多工作：清洁人员、按摩沙龙中的妓女、碟片销售员、色情和摇滚杂志的撰稿人，等等。在她发表第一部小说《吻我》(Baise – moi, 1994) 时，她正在巴黎的一家书店卖书。该小说讲述了一对男女越狱逃跑穿越整个法国的故事。身为一个公务员家庭的独生女，维尔吉尼冲破了所有的家庭禁忌，成为反传统的代言人。她的作品带有 种邪恶凶险的气息，描绘出一个肮脏而卑鄙无耻的世界，常受到非议。维尔吉尼以革新的文学风格，将庸俗和现实展现在自己的小说之中，成为糟粕文学(littérature "trash")的圣母玛利亚。2000 年，她将自己的第一部小说《吻我》拍摄成电影后，决定抛弃他人给她贴上的标签，开始尝试一些积极乐观的主题。2002 年她发表的第 4 部小说《青少年精神》(Teen Spirit, 2004) 不仅探讨了父亲的身份，也探讨了社会成功这一主题，这与她之前的作品风格形成了鲜明对比。2006 年，她卸下面具，在自己的随笔《金刚理论》(King Kong Théorie, 2006) 中叙述了她是怎样成为一个有争议的人物的过程。这篇随笔也讲述了她17 岁搭顺风车时遭遇强奸的故事。2010 年，在中断了 6 年之后，她又回到小说领域，发表了《世界末日的宝贝》(Apocalypse Bébé) 一书。该书为她摘得了当年的勒诺多奖。

　　《世界末日的宝贝》讲述了有些晕头转向的女人露西调查一个叫瓦朗缇娜女生失踪的故事。露西经常因她搭档的低效率和专制粗暴而感到失望。失踪的女生名叫瓦朗缇娜,曾尝试与尽可能多的人同床。小说主要以第一人称叙事,其中有些章节也以第三人称讲述了瓦朗缇娜的父亲、祖母、母亲及表兄弟等人的故事。这是一部在社会讽刺、现代侦探和女同性恋中游移的小说。作者将读者从巴黎带到了巴塞罗那,描写了相互交叉而并不相遇的人物,以温柔而有力的叙事口吻,将他们组成了一个时代的面孔。

　　维尔吉尼·戴斯朋特的写作风格敏捷、嘲讽而充满活力,将粗暴的口头表达和残酷的现实合二为一。"我写作的来源就是对人和事物的观察",维尔吉尼如是说。她以尖锐的目光审视社会及其阶级,表达对穷人的同情。她常常探索卖淫和色情等主题,也批判了充斥着不平等和歧视、以不同速度发展着的世界。

(文晓荷　编译)

Dormann, Geneviève

（热娜维芙·道尔曼）（1933 年—）

小说家、记者

Dormann, Geneviève

(热娜维芙·道尔曼) (1933 年一)

小说家、记者

.

　　热娜维芙出生于 1933 年。在她 14 岁时,曾任议会议员、同时又是记者和印刷厂经理的父亲便去世了。热娜维芙是一位多产的作家,其作品多为小说和自传体小说。1958 年,她发表了自己的第一部作品、短片小说集《基石》(*La Première Pierre*, 1958),并获得成功。随后出版的《夫人的道路》(*Le Chemin des Dames*, 1964) 和《圣儒勒眼中的激情》(*La Passion selon Saint Jules*, 1967) 也给她带来了名气。在她的著名作品《多情的柯莱特》(*Amoureuse Colette*, 1984) 和《纪尧姆·阿波利奈尔的贪食》(*La Gourmandise de Guillaume Apollinaire*, 1994) 中,热娜维芙表达了自己对这两位艺术家的崇拜之情。

　　热娜维芙将自己对文字和古典艺术的纯熟归功于家庭环境。父亲曾从事新闻工作,受其影响,热娜维芙也走上了这条道路。在成为作家前,她是《玛丽-克莱尔》(*Marie Claire*) 和《观点》(*le Point*) 杂志的撰稿人。1989 年发表的小说《渡渡鸟的舞会》(*Le Bal du dodo*, 1989) 获得法兰西学院小说大奖。渡渡鸟是毛里求斯的一种鸟类,在 17 世纪已被荷兰人灭绝。每年的 12 月 31 日,渡渡鸟舞会都会将毛里求斯的白人汇聚在一起。这些白人是在路易十五时期被流放到这里的法国白人的后代。虽然长在欧洲,贝尼·德·卡尔莫艾却也是他们的一员,因为在祖母死后,她重新回到了这个充满了她少年时代梦想的地方。书中描写了从过去到现在的一系列人物：海盗、通灵人、援助人员和水手等。作者将读者带入了一个喧闹、芳香、神秘而迷人的世界。这本书被称作法国海外属地的《飘》。

热娜维芙是一位有独创性的作家，她的作品中屡屡出现一些标新立异的语句，如"我们没有权利老死、病死或溺死，因为这种死相对他人来说很恶心"；"纵使泪流成河，可以用支票擦鼻涕仍是好的"；"我并不讨厌那些唠叨的人，因为他们自己就可以来一场对话，我倒省力气说话了"，以及"对于女人来说最受用的是用炽热的身体温暖感到寒冷的婴儿"等。热娜维芙因自己的新颖而倍感自豪，并且毫不犹豫地站在反女性主义的立场上。热娜维芙常将幽默、厚颜无耻和一些沉重的主题细腻地混合在一起。她的文笔聪慧、温柔而傲慢。

（文晓荷　编译）

Duras, Marguerite

(玛格丽特·杜拉斯)(1914－1996)

小说家、电影编导、剧作家

Duras, Marguerite
(玛格丽特·杜拉斯)(1914 – 1996)

小说家、电影编导、剧作家

　　玛格丽特·德纳迪厄,即杜拉斯,出生于印度支那一个白人教师家庭,曾就读于越南西贡(今胡志明)市的一所中学,17 岁时回到巴黎,开始攻读法律学士和政治学学士两个学位。后任职于移民局。她于 1939 年结婚。第二次世界大战期间,她结识了迪奥尼斯·马斯克罗,为他生下了一个儿子。后加入了共产党,发表第一部小说《冒失鬼》(Les Imprudents, 1943)。1950 起,她致力于电影和戏剧创作。这一阶段的大部分作品都被她自己搬上了银幕或戏剧舞台。其中最有名的当属《广岛之恋》(Hiroshima mon amour, 1960)及《长期缺席》(Une aussi longue absence, 1961)。她若即若离地参与着一些党团活动,但她的大名却与本·巴卡及 1968 年索邦大学学潮紧紧联系在了一起。曾经有段时间她还参与过妇女解放运动,并制作了系列谈话录音。1977 年起杜拉斯开始广受关注,大量国内外文学研究者开始了对她的研究,其编导的电影《四轮卡车》(Le Camion)则在戛纳电影节上引起轰动。她一生创作的作品多达四十多部,因其独特的写作风格及扑朔迷离的作品诗学效果而在女性写作领域独占鳌头。杜拉斯不喜欢旅游,大部分时间都待在位于巴黎或诺曼底的乡村别墅里。1984 年,小说《情人》(L'Amant)获得龚古尔文学奖,这使她成为万众瞩目的焦点。这一获奖小说被搬上了银幕,并大获成功。她的主要作品还有:《抵挡太平洋的堤坝》(*Un Barrage contre le Pacifique*,1950)、《广场》(*Le Square*,1955)、《琴声如诉》(*Moderato Cantabile*, 1958)、《劳拉·L·斯坦因的迷狂》(*Le Ravissement de Lol V. Stein*,1964)、《副领事》(*Le Vice - Consul*,1966)、《英国情妇》(*L'Amante anglaise*,1967)、《毁灭吧,她说》(*Détruire, dit - elle*,1969)、《印度之歌》(*India Song*,1973)、《死亡之病》(*La Maladie de la mort*,1982),《埃米丽·L.》(*Emily L.*,1987)、《中国北方的情人》(*L'Amant de la Chine du Nord*, 1991)及《写作》(*Ecrire*,1993)等。

　　杜拉斯与新小说运动有一定的联系,因为她的某些作品介于小说和诗歌之间,属于一种新的写作。跟娜塔莉·萨洛特一样,杜拉斯也不完全属于新小说家。她对词汇即能指的探索不多,但却对所指的作用进行了充分挖掘(如《情人》中的"爱情"及《毁灭吧,她说》中的"毁灭"等)。显然,她在作品中刻意追求一种重复的诗学效果。杜拉斯后期的作品失去了早期作品的写实特征,人名、地名变得越来越少,描写也几乎绝迹。其中的人物大多是在早期作品人物基础上进行的改变,场景亦是如此。故事主要由对话构成,对白中有大量的空白、名词性短句、感叹词和呼语。读者必须在字里行间及无意义之词中寻找意义。此外,她对世界所持的悲观态度使得其作品始终围绕这样三个重大主题:爱、毁坏及永不忘记。

　　杜拉斯直到晚年才获得全球性声誉,这与其写作风格的变化不无关系。后期,她的那些更加通俗易懂的自传体作品(《情人》、《中国北方的情人》及《痛苦》)为她赢得了无数读者。当然,这一成功也离不开她那非凡的叙事和再叙事才华。她用最基础的语言描写了爱情的迷醉和死亡的痛苦,以及对激情岁月的难以忘却。杜拉斯的写作与其生命已融为一体,书里书外的人生已然同一,给人以眼花缭乱、扑朔迷离之感,有时近乎荒谬。

(陈静　编译)

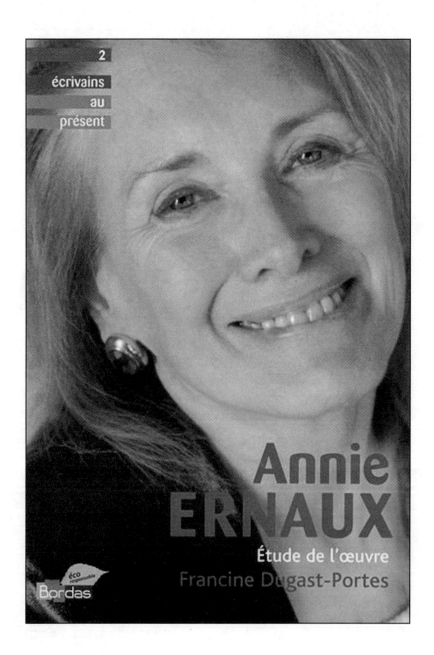

Ernaux, Annie

（安妮·埃尔诺）（1940 年—）

小说家

Ernaux, Annie
（安妮·埃尔诺）（1940 年—）

小说家

安妮·埃尔诺是法国当代著名女作家,1940 年 9 月 1 日出生于法国滨海塞纳省的利勒博纳。父亲曾是一名工人,后与母亲在诺曼底的小城伊沃托开了一家咖啡食品杂货店。埃尔诺童年时家境贫寒,但其学习成绩优异。在父母的全力支持下,她在卢昂等地读完了大学,并获得了教师资格证。1967 起开始在中学任教,后又在法国远程教育中心工作,直至 2000 年退休。从 1974 年发表第一部小说《空衣橱》(Les Armoires vides) 至今,埃尔诺已出版了大约 18 部作品,包括《位置》(La Place, 1984)、《一个女人》(Une Femme, 1987)、《单纯的激情》(Passion simple, 1992)、《事件》(Evènement, 2000)、《占领》(Occupation, 2002) 及《悠悠岁月》(Les Années)等。1984 年,她凭借小说《位置》获勒诺多奖。《悠悠岁月》则获"玛格丽特杜拉斯奖"、"弗朗索瓦莫里亚克奖"及 法语语言文学奖。

埃尔诺的作品大致分三类:小说,自传及日记,其中大部分作品都以第一人称写就,讲述的内容从父母社会地位的上升,到自己的童年、婚姻、堕胎、患病等,不一而足。《位置》是对自己父亲的怀念之作。父女之间虽然相爱,但随着女儿渐渐脱离原来的阶层,跻身于知识分子行列,两人之间的代沟变得越来越深。由于埃尔诺对日常生活的刻画精确而细腻,使得《位置》这部作品颇具社会学研究价值。她将父亲那个卑微阶层的价值观、生活习惯及思维定势等做了剖析,向人们呈现了一个没有自己语言的"哑巴"阶层的痛苦和悲哀。在《一个女人》中,埃尔诺叙述的焦点转向了母亲。母亲的去世使得埃尔诺与自己最初所属的那个阶层彻底决裂了。女儿对母亲的感情是爱恨交加的,其中有感恩,也有内疚,有依恋,也有责备。虽然埃尔诺尽量避免在书中流露出任何真情实感,但读者却仍能体会到那种血肉相连的母女情。但在作者看来,这部作品在某种程度上是介于"文学、社会学和历史"之间的。《悠悠岁月》在写作手法上有较大创新,这是一部"社会自传",作者用印象派的本色笔触再现了自己作为女人的真实生活;一张张老照片则充当了时代的标志,将个人和集体的回忆同时激活。而对女性身体特征的客观描写则犹如打开了一部女性的生存和发展史。

安妮·埃尔诺对自我的描写或羞涩或大胆,叙述者"我"和作者"我"之间的界限已经非常含糊了。她革新了小说的写作形式,并找到了一种能精确地描写女性的有效方式。

(陈静　编译)

Etcherelli，Claire

（克莱尔·埃舍尔莉）（1934 年—）

小说家、记者

Etcherelli, Claire
(克莱尔·埃舍尔莉)(1934 年—)

小说家、记者

　　克莱尔·埃舍尔莉 1934 年出生于波尔多一个下等家庭,父亲死于战争,她从小由母亲和爷爷抚养长大,曾在宗教寄宿学校读书,高中期间辍学。后回到巴黎,为了谋生做过各种各样的工作。她积极参与政治,当过很长一段时间的工会主席,并于 1973 年担任了《现代》杂志编辑部的秘书。埃舍尔莉最初写作的目的仅仅是为了"表达自我"。她看过很多女作家写的通讯稿和新闻稿,尤其崇拜弗吉尼亚·伍尔芙(Virginia Woolf),这段经历对埃舍尔莉的影响很大。她回忆道,写作的精髓在于不停地写,而并非为了发表。埃舍尔莉的第一部小说《爱丽丝或真实生活》(Elise ou la vie réelle,1967)广受欢迎。这本小说为她摘得了费米娜文学奖的桂冠,并于 1970 年被导演米歇尔·德拉其(Michel Drach)搬上荧幕。她的其他作品还有《关于宽恕》(A propos de Clémence,1971)及《旅行树》(Un Arbre voyageur,1978)等。

　　《爱丽丝或真实生活》一书真实再现了当时法国工厂车间里的状况。该书结构和风格简明,逻辑清晰。作者在书中使用大段交替进行的对话,显得诚恳而又条理清晰。她在书中提出了种族歧视问题,并揭露了工厂里工人超负荷的工作状态。这些处在社会边缘的工人们过着极其悲惨的生活。他们的生活越是拮据,就越是绝望和孤独,如此反复,形成了一个恶性循环。这其实是社会各个阶层都普遍存在的问题：个体之间缺乏沟通了解，不同阶级之间不可能有真爱存在。书中的女主角被贫穷限制住了行动和想象力，男人们则积极投身于反抗命运的斗争中。但他们的结局要么是死去，要么是失踪，而深爱着他们的那些女性则成了这一过程的见证人。

　　埃舍尔莉的作品细致地刻画了 20 世纪五六十年代女工的生存状况，并大胆地预言了未来"不一样的生活"。

（张逸琛　编译）

Ferranti,Marie

(玛丽·费朗第)(1962 年—)

小说家

Ferranti，Marie

（玛丽·费朗第）（1962 年—）

小说家

　　玛丽· 费朗第 1962 年出生于上科西嘉省,真名为玛丽－多米尼克·玛瑞奥第,玛丽·费朗第是其笔名,以纪念其外曾祖母。现居住于科西嘉圣弗洛朗。玛丽·费朗第是文学老师,1995 年发表了第一部小说《圣斯特发诺的女人们》(*Les Femmes de San Stefano*),获得了弗朗索瓦·莫里亚克奖。在成功的激励下,她继续创作,写出了多部小说。这些小说的灵感多来源于自己的故乡科西嘉,如《逃离叩头虫》(*La Fuite aux Agriates* ,2000)、《夜之围猎》(*La Chasse de nuit* ,2004)及《蒙塔多瑞家族的凯迪拉克》(*La Cadillac des Montadori* ,2008)等。玛丽·费朗第文风古典、澄净。2002 年发表的《满图的公主》(*La Princesse de Mantoue* ,2002)获法兰西学院小说大奖。

　　《满图的公主》是一部历史性小说,带有神秘色彩,给人们讲述了邑芭拉·德·布朗德堡公主独特的一生。公主的丈夫因为战争将她抛下,在这段时间她接受了非常高雅的教育,并遇到了在那个时代非常有名的艺术家,最终她丈夫归来,她才有了爱情。《科西嘉的仇恨》(*La Haine de Corse* ,2012)获阿雅克肖市纪念碑大奖,讲述了查尔斯－安德鲁·波左·第·波尔果对拿破仑·波拿巴一生的仇恨。玛丽·费朗第再现了历史上这两个聪慧、野心勃勃、从小就相互认识的人物。在拿破仑开始军旅生涯的时候,波左成为了一名律师,参加了革命并成为科西嘉议会议员。但他在帮助拿破仑上位期间总是怀着对其不信任的态度,最终站在了沙皇一边,并对拿破仑的失败起到了决定性的作用。这本书与其说是一本历史小说,更像是波左自己的回忆。玛丽·费朗第在书中既用了诸如夏多布里昂、司汤达、雨果那样的文学叙述形式,也使用了回忆录形式。为了更好地描写波左,玛丽·费朗第并没有直线性地叙述历史,而是在历史和现实中循环往复。

玛丽·费朗第的小说多与科西嘉岛有关。她笔下的科西嘉是一个神秘、疯狂、原始、多教并存的地方。她以一种纯粹的法语写作。这是一位充满激情的知识分子,她拒绝悲怆失度的文笔,对诗意的追求高于对思想观点的追求。她曾说:"如果20岁时别人说我回到科西嘉是为了写作,我那时可能不相信,但现在我不能想象居住在别的地方,因为我需要大海。"她认为前往别的地方的冲动是岛文化的基础,思乡和盼归对于科西嘉人来说都是意味深长的,无论在哪个世纪,这都是科西嘉人的广阔精神、期望和悔恨的一部分。

(文晓荷　编译)

Fleutiaux,Pierrette

（皮尔莱特·富勒茜莜）(1941 年—)

小说家

Fleutiaux , Pierrette

(皮尔莱特·富勒茜莜) (1941 年—)

小说家

    皮尔莱特·富勒茜莜出生于利穆赞大区克勒兹省的首府盖雷市,她在那里一直生活到 16 岁,之后去波尔多学习英文,学成之后去巴黎任教。富勒茜莜从 6 岁便开始写作。她的第一部小说《蝙蝠的故事》(*L'Histoire de la chauve – souris*)发表于 1975 年,之后又陆续发表了一些短篇小说集。1990 年,一部恢宏壮丽的小说《我们是永恒的》(*Nous sommes éternels*)问世,助她获得了当年的费米娜文学奖。在此期间,富勒茜莜的文字发生了质的改变:从开始对人类和世界所持的朦胧模糊看法,到把这些变成自己书中的文学形象,仿佛经历了一个从幻想演变成小说的过程,这种神秘感和人物原型是前期作品的主要内容。到了后期,其作品形式越来越多样,人物关系也越来越错综复杂。

    在《我们是永恒的》一书中,形象具有很大的直接性,这被萨特称为"虚构对象本质的贫乏"(pauvreté essentielle des objets imaginaires)。富勒茜莜既没有过分着墨于某只在头发上筑巢的蝙蝠身上,也没有集中描写某个布满了梯子的无底深渊。这种形象的"贫乏"分叉纵横,遍布了整部小说。有幽闭恐惧症的人被关在狭小空间里,因为找不到出口而惊慌失措、痛不欲生,然而渐渐地他们的心理阴影淡去,他们从一群最初互不相识,只会独自吞咽恐惧的被动的囚徒,成长为一群英雄。他们开始走动,努力地寻找出路。他们用自己的实际行动证明了精神疾病永远无法战胜命运的广阔深邃。他们像一曲悲壮的交响乐，在晦暗的背景中上演。这个作者虚构的诗意的空间虽然无年代可考，却着实清晰地浮现在读者眼前，它是现实世界的象征，从中可以窥探到人类的潜意识世界。

　　富勒茜莜的作品是一次探索内心新大陆的航行，能带领我们穿过心底重重阴霾，驱走所有焦虑。她的文字无论是尖酸的嘲讽，还是对快乐的歌颂，都充满了生命力。她用诗意盎然又怪诞奇绝的写作手法向读者展示了一系列无法下定义的事物，如童年、真理，亦或诗歌。

（张逸琛　编译）

François , Jocelyne

(约瑟琳娜·弗朗索瓦)(1933 年—)

小说家、诗人

François, Jocelyne
（约瑟琳娜·弗朗索瓦）（1933 年—）

小说家、诗人

　　约瑟琳娜·弗朗索瓦出生于法国南锡一个小康之家，虽然衣食无忧，家人却没有受过多少教育。约瑟琳娜是三个孩子中的老大，从小就显现出惊人的记忆力和写作天赋。她在孚日修道院度过了 6 年的时光，期间结识了玛丽·克莱尔·皮秀。后者从 1960 年起成为弗朗索瓦的终身伴侣。她在南锡大学上学，并结了婚。这是一桩迫于政治和家庭压力的婚姻。七年的婚姻生活中她与丈夫育有三子，前两个儿子由丈夫抚养，最小的女儿由弗朗索瓦和皮秀二人共同抚养。小女儿长大成人后成为了一名作曲家和翻译家，后来又成为了陶艺家和画家。20 世纪 60 年代，弗朗索瓦结识了诗人勒内·夏尔（René Char），这对弗朗索瓦的文学创作起到了极大的推动作用。她凭借自传体小说《玩转西班牙》（*Joue – nous España*，1980）获得了当年的费米娜文学大奖。1985 年，她与女友同居在巴黎的一所公寓里，尽管身体不适，但仍坚持文学创作。

　　不论是诗歌创作，还是小说创作，弗朗索瓦都倾向于简单却精细的文风，且内容贴近作者现实生活。她的所有知名的小说基本上是按照时间顺序完成的，稍加整理即为一部作家的自传。《玩转西班牙》主要介绍了她的少年和青年时代；《幸福》（*Les Bonheurs*，1970）讲述了作者同性恋爱的心路历程、期间经历的挫折、跟丈夫婚姻的破裂及最终争取到的自由；《情人》

(*Les Amantes*,1978)是关于作家跟诗人勒内·夏尔的美丽邂逅的故事。两人曾经一度非常亲密,但最终没有走到一起;《牵牛花的故事》(*L'Histoire de volubilis*,1986)讲述了自己与伴侣玛丽·克莱尔在人到中年时一些为人父母的感受,包括与孩子的关系以及孩子们青春期的问题;最后一部《盐》(*Le Sel*,1995)探讨的主题便是死亡、肉体的苦痛、同性之间大胆的爱情,以及在我们眼前上演着的一系列宏大的哲学命题。

弗朗索瓦的文字总是包含着积极向上的情绪,时刻散发出一股暖意。作为一名女权主义者和一名同性恋者,她进行了艰苦卓绝的斗争,并取得了成功。她认为,爱情决不能建立在一时的激情之上,而要具备抗打击的能力,能够不被各种形式的暴力所摧毁。她强调了拥有丰富的内心世界和人与人之间感情纽带的重要。她的作品是一首既简单又奢华的颂歌,赞颂艺术,也赞颂生命。

(张逸琛　编译)

G

Garat, Anne – Marie

（安妮·玛丽–加莱特）（1946 年一）

小说家

Garat, Anne – Marie
（安妮·玛丽 – 加莱特）（1946 年—）

小说家

安妮·玛丽 – 加莱特于 1946 年出生于波尔多。大学期间在巴黎一大攻读电影专业，之后定居巴黎，教授电影与摄影。她于 1992 年凭借作品《亚丁》(*Aden*) 获得费米娜文学奖。2000 年，她又凭借作品《声名狼藉的人》(*Les Mal Famées*) 获玛格丽特·奥杜奖。2007 年 6 月至 2009 年 6 月，她担任法兰西作家与文学出版社社长一职。2014 年 1 月 17 日，她当选为费米娜奖评审委员会成员。现为龚古尔文学奖评审委员会委员。

《在魔鬼手中》(*Dans la main du diable*) 描写的是 1914 年战前发生的故事，之后她又于 2008 年发表了《黑暗孩童》(*L'Enfant des ténèbres*)。这部作品堪称 20 世纪的宏伟画卷，它高奏反法西斯的号声，同时也展现了 30 年代法国社会的全貌，那时正是君主专制的鼎盛时期。小说一发表，安妮·玛丽 – 加莱特便公开表态，认为法国政府是践踏自由和人权的凶手。她揭露了非法移民悲惨的既定命运和警察制度的残酷无情，并勇于向新闻制度挑战。费米娜获奖作品《亚丁》(*Aden*) 讲述了一个移民后代的故事。亚丁·赛里阿尼 (Aden Seliani) 是一个兢兢业业的计算机编程员，但是在纽约执行一次任务期间，他偶然发现自己效力的公司其实是为美利坚服务的。面对妻子的离开和母亲的昏迷，他必须尽快走出麻木迷糊的状态，决定何去何从。小说弥漫着 20 世纪末人们的彷徨和失望之情。小说选取的题材沉重却现实：当下的利己主义盛行，人们彼此隔膜甚至仇恨，学会如何去爱，已成为当务之急。

加莱特发表过大量的小说。在这些小说中，女性形象占据了举足轻重的地位，并且这些女性形象均心思细腻敏锐。她小说中的时间发生在 20 世纪的各个不同时期（20 世纪初、第二次世界大战期间、20 世纪末等）。加莱特旗帜鲜明地反对君主专制。她认为，暴动已经成为系统化的犯罪行为，这源于人民受到的不公正的待遇，侵犯人权已成为政府的不成文之规。媒体则是政府的传声筒，甚至遮羞布，它们"被沉默"了。加莱特的文笔精准，毫不拖沓，既不耸人听闻又不媚俗，语言纯粹。

（张逸琛　编译）

Garreta, Anne. F.

（安娜·F. 加瑞塔）(1962 –)

小说家

Garreta, Anne F.
(安娜·F. 加瑞塔) (1962 -)

小说家

　　安娜 F·加瑞塔 1962 年出生于巴黎,毕业于师范类院校,1986 年发表了第一部小说《斯芬克斯》(*Sphinx*,1986)。书中讲述了两个不知性别人物的爱情故事。斯芬克斯的谜语难以猜出,而在这本书中无人可以猜出主角的性别。这本书风格成熟而精工,文笔才华横溢而使人出神,充满诗意和讽刺。该书词汇丰富,且引经据典,叙述方式古典、生动而新颖。在这部关于性别语法的作品之后,她又发表了一本以对话为形式的小册子《为了结束人类性别》(*Pour en finir avec le genre humain*,1987),之后便开始了在美国的求学生涯。最终获得法国文学博士学位,方向为 17、18 世纪小说的末日。她曾在普林斯顿大学任教,现为雷恩二大讲师,并不时去美国讲学。

　　1990 年,她发表了小说《液体天空》(*Ciels liquides*,1990),书中描述了一个失去语言能力的人物坠入地狱的故事。第三部小说《分解》(*La Décomposition*,1999)讲述了一个系列犯罪凶手的故事,其武器则是布鲁斯特的《追忆似水年华》。2002 年,她发表了《没有一天》(*Pas un jour*,2002),获得美第西斯文学奖。这部小说分为 12 章,用第二人称叙述,主题为欲望,同时兼顾其他主题如回忆、时局分析及世界重塑的不可能性。小说的目的恰如书的引言所说:"使你离开欲望,或使你的欲望不同""依靠自己"。

　　安娜 F·加瑞塔认为小说是一艘大型客轮,是一辆喷气式客机,是地铁长长的车厢,有一些位置是优先为含有丰富动词的句子预留的。文学是可以杀死一个人的,对语言使用的本身是具有危险性的。当我们说话的时候,我们将其他人和自己都置于危险之中。因此作者需要对文字负责,但是读者也有自己的责任。同样读叔本华,有人成为了希特勒,有人则成为托马斯·曼。读者也需要与作品保持一定的距离。安娜 F.加瑞塔的作品有一种挑衅性,因为在她看来,没有冲突就没有小说,冲突通常来源于情节,来源于对峙的人物,每个人的内心都是存在冲突的。之所以有挑衅这种感觉,是因为叙述者的言语不是一场独白,叙述的声音就是内心冲突的效果。安娜 F.加瑞塔也常在作品中使用一些罕见的词汇和表达方式。她认为这是因为不能把语言神圣化,必须让语言充满活力,防止其孱弱。应该相信人们有阅读和表达的能力。

　　　　　　　　　　　　　　　　　　　　　　　　　(文晓荷　编译)

Germain, Sylvie

(茜尔薇·吉尔曼)(1954 年—)

小说家

Germain, Sylvie

(茜尔薇·吉尔曼)(1954 年—)

小说家

　　茜尔薇·吉尔曼出生于沙托鲁,幼年就离开了家乡,想去美术学院求学,但后来却转学哲学,并取得了博士学位。毕业论文是关于人类面部表情的。在吉尔曼文学生涯的最初,她专门创作青少年读物,作品均由自己做插图。1986 年,吉尔曼在隶属于法国文化部的布拉格高等专业学院教授哲学。1989 年,凭借作品《愤怒的日子》(*Jours de colère*)获得了费米娜文学大奖。

　　茜尔薇·吉尔曼的第一部小说《夜晚的书》(*Le Livre des nuits*)包揽了 6 个文学大奖。随后的《琥珀之夜》(*Nuit d'Ambre*)讲述了夏尔·维克多的历险故事。主人公被父母双亲抛弃,终日生活在仇恨和愤怒之中。整部作品在天马行空的探险故事里时刻洋溢着一缕神秘的气息。在《愤怒的日子》里作者向我们展现了一片其本人非常熟悉的莫尔旺森林。在荟荟郁郁的丛林之间,吉尔曼的五彩斑斓的世界展现无遗,其中交织着激情、疯狂、欲望和罪恶,经常有出人意料的情节发生。文字诗意盎然,带给读者全方位的感官体验,这是吉尔曼的文本最迷人之处。同年,吉尔曼又出版了一部更为短小精悍的作品《哑剧》。全书分为四部分,类似一篇写给摄影师的可以配上图片的文字。加布里耶尔,一个痴迷于观赏的人,从来不主动去寻找景色,而只是满足于收集映入他眼帘的图画。他是一个谦逊又端庄的观察者,他笔下的风景不仅仅是河流山川森林,还有城市的孤独和冷寂。

　　吉尔曼笔下的女性形象,性格通常有一定缺陷,但是内心却都拥有一种被动却充满激情的力量。无论是在精神层面还是在肉体层面,她们都具有非常强烈的存在感,所有的女性形象身上都闪耀着独特的光芒。吉尔曼的写作将现代文学与巴洛克传统风格重新结合在一起。诚然,近代的战争风云给人类命运烙上了很深的印记,然而作者却借助神话和传说故事跳出了现实主义的窠臼。作者在写作中擅长并乐于展开丰富的想象力,文字天马行空,奇谲瑰丽。

(张逸琛　编译)

Guignabodet, Liliane

（丽莲娜·吉那波戴）（1943 年—）

小说家

Guignabodet, Liliane
(丽莲娜 · 吉那波戴) (1943 年一)

小说家

丽莲娜 1943 年出生于巴黎,但却在保加利亚索菲亚与她原籍希腊的祖母处度过了人生最初的 12 年。在获得索邦大学现代文学学士学位和剑桥大学英语语言文学证书后,她结了婚并前往美国教授法语。回到法国后,丽莲娜曾在 I. B. M 技术学校教了 3 年文化通识课。她曾用保加利亚语创作过许多诗篇和故事。

她的第一部小说《沉默泡沫》(*L'Écume du silence*, 1977) 便获得了乔治·桑奖。这部小说发生在一个不知名的国家和政体之下,这里的人们以一种失败的方式活着,工作、爱情、梦想最终都归于绝望和沉默。这部小说反映了千万人的日常生活,追问了处于社会转变中的人们的恐惧和期望。1983 年丽莲娜的另一部小说《娜塔丽娅》(*Natalia*, 1983) 获法兰西学院小说大奖。娜塔莉娅贫穷而无知,受一种奇特的基督教影响,这种基督教混杂着斯拉夫人的异教传说、传播极广的迷信及 5 个世纪以来穆斯林专制下的恐惧和传统。美丽的娜塔莉娅就像 19 世纪末期的保加利亚,她与马具师威尔克结了婚,开始了一段深沉的爱情。在史诗般地穿越保加利亚这个被强盗和修士统治的国家后,夫妻两人定居在索菲亚开始生儿育女。尽管身处暴力带来的不幸和社会的悲惨之中,他们仍坚定了要活下去的信念。在这部小说中,丽莲娜坚持了斯拉夫小说爱情历险的传统主题,展示了一幅充满色彩、诗意、温柔的精彩画卷。

丽莲娜早年在保加利亚的生活对其作品影响很大。第一部小说《沉默泡沫》折射了共产主义社会;《戴西斯拉瓦》(*Dessislava*,1985)讲述了一个斯拉夫贵族万里寻子的故事;《娜塔莉娅》则描述了 19 世纪末的保加利亚。她的文笔透彻、清新,带有一种斯拉夫式的抒情性。

(文晓荷　编译)

Harry, Myriam

（玛丽安·海莉）(1869—1958 年)

小说家

Harry，Myriam

（玛丽安·海莉）（1869—1958 年）

小说家

玛丽安·海莉，原名玛丽安·萝赛特·夏皮拉，于 1869 年 2 月 21 日出生于耶路撒冷，1958 年 3 月 10 日在塞纳省纳依市去世。她于 1904 年获得了费米娜文学奖，这是自费米娜奖项设立以来首位女性获此殊荣者（此前龚古尔评审委员会一直拒绝为女性颁奖）。玛丽安终生笔耕不辍，是 20 世纪上半叶文坛闪耀的巨星。玛丽安出生于一个新教徒家庭，是家中的次女，母亲是一位德国新教传教士的女儿，在教会医院工作。父亲纪尧姆·莫斯·夏皮拉原来笃信犹太教，后来改信基督新教。1884 年，父亲破产，继而自杀，母亲只身带着两姐妹回到德国。姐妹俩在寄宿学校度过了一段灰暗的时光。在一位传教士的引荐下，玛丽安到巴黎一家修道院担任文职，从那时起，她立志要当一名法语作家（尽管当时她精通的是德语和英语）。玛丽安开始尝试向柏林出版社投稿，并遇到了很多贵人的相助。先是出版社的撒什·玛索仕（Leopold von Sacher – Masoch）发现了她的才华，将她推荐给了加图尔·芒戴斯（Catulle Mendès）。她还与当时的象征派诗人乔治·瓦诺儿（Georges Vanor）相恋，后者将她又推荐给了玛格丽特·杜朗（Marguerite Durand）——《投石党报》的首席编辑。该报是女权运动的传声筒，发表的文章全部出自女性作家之手。玛丽安与该报签订了一部短篇小说的稿约，以 15 天为周期在报纸上连载，最后整理成集，发表于 1899 年，名为《贝都因人的通道》(*Passage de Bédouins*)。

玛丽安在印度居住了相当长的一段时间,期间她有了一个新情人,但外界对于这个情人知之甚少。这段不寻常的经历成为了她另外三部作品的灵感来源,分别是《浮岛上的寺庙》(*La Pagode de l'île flottante*, 1902)、《小夫人们》(*Petites Épouses*, 1902)以及《享乐之岛》(*L'Île de Volupté*, 1907)。《攻克耶路撒冷》(*La Conquête de Jérusalem*, 1904)是助她赢得费米娜奖的文学作品。写作该本小说的初衷是为了打开她自己对于父亲之死始终未能解开的心结。她将父亲的悲剧故事和自己对父亲萦绕不散的思念化为了文字。此书一经面世,几乎要一举拿下当年的龚古尔文学奖,可惜最终不幸落选,原因有二:一是由于当时的龚古尔评审委员们没能慧眼识珠看到玛丽安的杰出才华;另一方面则是因为那些学究先生们没有魄力敢为天下先——将奖项颁发给一名女作家。然而是金子总会发光,最后,费米娜奖(当时被称作幸福生活奖,Prix Vie heureuse)找到了她。她便成为了史上第一个获得此文学大奖的女作家。玛丽安与马尔丢斯夫妇(Lucie Delarue - Mardrus、Joseph - Charles Mardrus)友谊深厚,他们之间的深情厚谊一直延续到露西的离世。这段经历促使她写出两部小说《小贾尔丹夫人》(*Madame Petit - Jardin*)和《圣歌》(*La divine chanson*),书中表达了作者对友人的深切怀念。

玛丽安的大多数作品都在报纸或期刊上连载过。她的文字自传性很强,从她的创作过程便可大致推断出她不同的人生阶段。丈夫去世后,她开始到各地旅行,尤其对中东和埃及等地情有独钟。她后期的作品则呈现出一种神秘的东方情结,这来源于她的童年时光。而这段她生命中最无忧无虑的时光恰恰是在耶路撒冷度过的,这段最初的记忆赋予了其作品以鲜明的个性特征。

(张逸琛　编译)

Hébert, Anne

（安妮·赫伯特）(1916—2000 年)

小说家、诗人、编剧

Hébert, Anne

(安妮·赫伯特)(1916—2000 年)

小说家、诗人、编剧

　　安妮·赫伯特 1916 年 8 月 1 日生于加拿大魁北克,并在那里度过了自己的童年。她的家族盛产作家,表弟圣-丹尼斯·加诺是一名诗人,后者也影响了安妮在 20 世纪 30 年代后期的读书品味。1953 年 1 月,她被国家电影局聘为编剧。后来在蒙特利尔一直居住到 1954 年的秋天,期间继续从事剧本写作。20 世纪 50 年代,她同样有两个剧本出炉。1965 年,母亲去世后,她移居巴黎。1978 年,时任总理勒内·勒威斯克(René Lévesque)请她担任魁北克副州长一职,被她婉言谢绝了。1983 年,拉瓦尔大学授予她荣誉博士学位。在这之前,多伦多大学、圭尔夫大学、魁北克大学蒙特利尔分校和麦吉尔大学分别于 1969 年、1970 年、1979 年、1980 年先后授予她博士学位。1998 年年初,在巴黎居住了 32 年之久的安妮回到蒙特利尔。安妮·赫伯特的档案保存在魁北克蒙特利尔图书馆。她于 2000 年 1 月 22 日在蒙特利尔巴黎圣母院医院逝世,享年 83 岁。

　　1942 年,安妮·赫伯特出版了第一部诗集《平衡的梦想》(*Les Songes en équilibre*),其诗多反映家庭生活,具有忧伤的情调。第二部作品故事集《洪流》(*Le Torrent*)发表于 1950 年,书中关于痛苦和暴力的主题为她将来的小说写作定下了基调。她的文学生涯到此时仍是主要致力于诗歌创作。《国王的坟墓》(*Le Tombeau des rois*)这部花费了她十几年心血的诗集于 1953

年问世。她的第一部小说《木屋子》(Les Chambres de bois)由瑟伊出版社于
1958 年正式出版发行,她本人则于 1960 年 6 月光荣当选加拿大皇家学会
院士。1970 年,小说《卡穆拉斯卡庄园》(Kamouraska)的问世让她获得了
法国书商奖,作品根据一桩谋杀案写成,是其长篇小说的代表作。安妮·
赫伯特曾三度获加拿大文学最高奖项总督奖。1975 年第三部小说《安息日
的孩子》(Les Enfants du sabbat)问世。1980 年,她发表了第四部小说《爱洛
绮斯》(Héloïse)。1982 年,小说《巴桑的疯子们》(Les Fous de Bassan)发表。
这第五部小说为她摘取了费米娜文学奖的桂冠,同时也使她成为第 4 位拥
有双重国籍和第 2 位获得法国文学大奖的魁北克女作家。1988 年,第六部
小说《第一花园》(Le Premier Jardin)赞颂了那些创立"新法国"的妇女。第
七部小说《充满梦想的孩子》(L'Enfant chargé de songes)出版于 1992 年。
1995 年,79 岁高龄的她创作了《奥赫连,克拉拉,小姐和英国中尉》
(Aurélien, Clara, mademoiselle et le lieutenant anglais)一书。这是一部文体介
于诗歌和散文之间的作品。她的第五部也是最后一部诗集《写给左手的
诗》(Poèmes pour la main gauche)于两年后发表。1999 年,她的小说收官之
作《光的衣装》(Un Habit de lumière)发表。

安妮·赫伯特的文学创作形式多样,包括小说、诗歌、戏剧、散文等。
其作品主题丰富,文风多样,激励和启发了后代作家们的文学创作。其作
品影响范围之广,几乎涵盖了各类学科(社会批评学、精神分析法、符号学、
女权主义研究,等等)。

(张逸琛　编译)

Hébrard, Frédérique

（费德里克·艾布拉德）(1927 年—)

小说家、演员

Hébrard, Frédérique
(费德里克·艾布拉德)(1927年—)

小说家、演员

　　费德里克·艾布拉德,原名费德里克·香松,1927年6月7日出生于尼姆,是法国小说家、演员。父亲为法兰西学院院士安德鲁·香松,母亲是博物馆保管员,她将外祖母的姓作为笔名。1949年进入国家高等戏剧学院学习,同年与喜剧演员路易·维尔结婚,至今已经有63个年头了。夫妻两人虽然信仰不同,但相互扶持屡创佳作。1956年,费德里克发表了第一部小说《九月》(*Le Mois du septembre*,1956)。该小说讲述了一个发生在9月的短暂而刻骨铭心的爱情故事。1976年发表的小说《丈夫就是丈夫》(*Un Mari c'est un mari*,1976)被译成了西班牙语,后被改编为同名电影。这部小说探讨了婚姻生活和习惯。《闺房》(*Le Harem*,1987)是费德里克1987年发表的第十二部小说,获得法兰西学院小说大奖。

　　《闺房》讲述了这样一个故事:加比瑞·诺加瑞德是波尔多一个葡萄园种植人的女儿,从小失去母亲,由那些对酒远比对礼仪了解更多的男人养大。被送往寄宿学校后,她结识了一个朋友,并从她朋友叔叔那里看到了一些关于东方的旧照片,第一次发现了东方这个世界。后来加比瑞成为一名摄影记者,并深入伊斯兰世界。在这个禁忌的王国中,加比瑞与伊格一见钟情并结婚。伊格前往土耳其拍摄电影,遇到了贝尔乐,于是开始了一场三角恋,最终伊格死去。加比瑞找到了贝尔乐,发现她已是一个女孩的母亲。这部小说以回忆的形式展现，文字充满快感，爱情和友谊感人至深。

虽然已有 87 岁高龄，费德里克仍没有停止创作的脚步，2014 年仍发表和丈夫共同写作的《阿维尼翁小姐归来》(*La Demoiselle d'Avignon est de retour*, 2014)。她一生出演过十几部电视剧、电影和戏剧，并创作了 24 部小说。其小说主题多以爱情为主。她常将人文主义的观念渗透进小说中，喜欢在讲述现代故事的同时回忆过去。她认为自己是受考古学家曾祖父的影响，所以所有作品都有追忆过去的痕迹。对她来说在文学中探险犹如一场愉快的旅行。

（文晓荷　编译）

Hermary – Vieille, Catherine

（凯瑟琳娜·艾尔玛丽－薇尔耶）（1943 年—）

小说家、传记作家

Hermary – Vieille, Catherine
(凯瑟琳娜·艾尔玛丽 – 薇尔耶)(1943 年—)

小说家、传记作家

　　凯特琳娜·艾尔玛丽 – 薇艾耶 1943 年 10 月 8 日生于巴黎第十五区，曾学习研究过东方语言文学，现定居于美国维尔吉妮省。1981 年，她的第一部小说《夜晚中傲慢的大臣》(*Le Grand Vizir de la nuit*)的创作灵感来源于《一千零一夜》(*Mille et Une Nuits*)中的《吉阿法尔和巴尔马卡德的末路》(*La Fin de Giafar et des Barmakides*)这则寓言故事，也正是这部处女作为她赢得了当年的费米娜文学大奖。

　　她的小说大多为历史题材，最著名的莫过于《阴影中的贵妇人》(*La Marquise des ombres*,1983)。小说以布兰薇里尔侯爵夫人为原型写成。后者是 17 世纪著名的下毒者，曾被毒药法庭判决有罪。另外一部同样为历史题材的演义小说为《波旁内地区的女人》(*La Bourbonnaise*)。书中女主人公的原型为路易十五的最后一任情妇——巴利伯爵夫人。除此之外，《妙不可言》(*Merveilleuses*,2011)也是一本历史题材的小说，反映了恐怖阴云笼罩下的法国。1986 年，她写作人物传记《罗米》。此书的人物原型为女演员罗米·施耐德。

　　凯瑟琳娜·艾尔玛丽 – 薇尔耶的生活轨迹穿梭于写作、务农以及不计其数的在法兰西本土的旅行中。英雄主义的情操、懦弱卑微的心理活动、肮脏不伦的奸情和肉体的欢愉等复杂的人性在薇尔耶的作品中涌现，这使远离的历史重又焕发出生机。她将历史题材小说写作视为己任,并设身处地地穿越到 17 世纪初那个神权至上的时代。跟随着薇尔耶的文字,读者从 1665 年南特敕令(édit de Nantes)的废除到路易十四判处尼古拉·傅盖(Nicolas Fouquet)死刑,经历了一场对真爱的追寻。她的这些历史题材小说,无论是神圣的,还是接地气的,都有着特殊的魅力,能将盛衰兴亡的大历史与个人爱恨的小历史结合在一起。

(张逸琛　编译)

Houville, Gérard d'

（吉拉尔·德·胡维尔）(1875—1963 年)

诗人、小说家

Houville, Gérard d'
(吉拉尔·德·胡维尔)(1875—1963 年)

诗人、小说家

吉拉德·胡维尔真名为玛丽·德·艾瑞迪亚,吉拉德·胡维尔是其笔名,来源于"Girard d'Ouville",一个诺曼底祖先的名字。结婚后随夫姓成为玛丽·瑞涅。吉拉德·胡维尔于 1875 年 12 月 20 日出生于巴黎,1963 年 2 月 6 日在叙雷讷逝世,是一位小说家、诗人。其父约瑟-玛利亚·德·艾瑞迪亚是巴纳斯派的先驱。孩提时代,玛丽·德·艾瑞迪亚就进入了诗人和艺术家的圈子:德·列尔,安娜·德·诺阿伊(Anna de Noailles),保尔·瓦莱里,皮埃尔·路易(Pierre Louÿs)都是他父亲的常客。在父亲执掌的兵工厂图书馆里,她初尝诗歌创作的乐趣。玛丽·德·艾瑞迪亚有着动荡的情感生活。在嫁给诗人亨利·德·瑞涅后,她成为了皮埃尔·路易的情人,并生有一个儿子。她后来又有多名情人:小说家、文学评论家埃德蒙·加路;随笔作者、艺术史家让-路易·渥多耶;诗人加布艾尔·丹努佐及剧作家亨利·贝尔斯坦。她甚至与佐治亚·拉伍尔-杜瓦尔有过一段同性恋情谊。

1984 年,她开始在《两个世界的杂志》(La Revue des Deux Mondes)上发表诗歌。1903 年,她发表了第一部小说《水性杨花》(L'Inconstante,1903),受到了巨大欢迎,第一周便卖出了 1500 册。然而,当时的伦理大师、修道院院长贝特雷姆却无情地指出:"她的第一部作品《水性杨花》是一部淫秽的杰作。"在这位伦理大师的眼中,她的其他作品也一无是处:《奴隶》(*Esclave*,1905)的女主角优雅但却下流,其狂野程度甚至跟动物无异,在她身上找不到一点文明的影子;《爱情时光》(*Le Temps d'aimer*,1908)则很生硬;《年轻女孩》(*Jeune fille*,1916)是一个包含有毒害思想的故事:女孩让母亲和自己所爱的年轻人结婚,以给后者争取在法兰西学院的文学发展机会。"

1918 年,她因自己发表的所有作品获得了法兰西学院文学一等奖。她的小说主题多为爱情,带有一定的时代气息;其诗歌则多探讨死亡主题。她的作品展现了一个围绕着法兰西学院打转的真实文学世界。这些文学人物靠着家族联姻和沙龙钻营终在法兰西学院谋得一席。虽然她的作品并不属于主流文学,多描写上流社会的交际手腕和私生活的悲歌,但却成为研究那个时代的良好素材。

(文晓荷　编译)

Huston，Nancy

（南茜・休斯顿）(1953 年一)

法－加双国籍小说家

Huston，Nancy

（南茜·休斯顿）（1953 年—）

法 – 加双国籍小说家

南茜·露易丝·休斯顿 1953 年 9 月 16 日出生于加拿大阿尔伯塔省的卡尔加里市，能用英、法双语进行写作，拥有法国、加拿大双重国籍，自 20 世纪 70 年代起定居于法国巴黎，6 岁时父母离异。据其散文集《迷失的北方》（*Nord perdu*，1999）一书中介绍，离异后，父亲获得了子女的抚养权，自此她跟随父亲与继母生活，曾与继母一起在德国生活过几个月。15 岁时，他们在美国新罕布什尔州定居。随后她分别在不列颠哥伦比亚省的维多利亚、马萨诸塞州的剑桥和纽约度过自己的大学生涯。在 20 岁的时候，她来到巴黎继续深造，并决定定居于此。她发表过一篇论文，就罗兰·巴特治下的法国巴黎高等社会科学院引发的众多非议发表自己的观点，与此同时她参加妇女运动，在相关期刊报纸发表文章。从她的作品、经常见诸报端的文章以及演讲稿中不难看出，她一直站在女权运动的最前沿。她的小说家生涯开始于 1981 年，处女作为《古登堡变奏曲》（*Les Variations Goldberg*，1981）。12 年后，她写作了《素歌》（*Cantique des plaines*，1993），这也是她首次回归故土使用母语写作。由于英美国家出版商拒绝出版这部小说，她转而自己将其翻译成法语，发现译本文学价值竟然超越了原版。自此以后，她将这种双重写作的技巧运用于所有的小说，在她的随笔和文章中清一色地使用法语。南希·休斯顿也是一个音乐家，钢琴、长笛、大键琴,她无所不能。音乐是她许多小说灵感的源泉,她经常与她的歌唱家或演奏家朋友们进行配乐朗诵。

她于1981年与保加利亚籍的法国人茨维坦·托多罗夫结婚,丈夫是作家,同时也是语言学家和符号学家。

2006年,她凭借小说《断层线》(*Lignes de faille*)获得了当年的费米娜文学奖。这部作品横跨了空间和时间的局限,讲述了4个感人至深又发人深省的故事,故事发生地点从旧金山到慕尼黑,从海法到多伦多,再到纽约,时间上跨越了半个多世纪。4个故事中的主人公均是6岁的孩子。作品通过孩童的视角,讲述了这个世界的变与不变。这四个孩子的特殊联系是:后一个都是前一个的子女。乍一看,一个1940年的德国女孩和一个21世纪的加利福尼亚州的男孩之间并没有什么联系,但却有着血缘的纽带。故事采用倒序的手法,时间上由近及远,在一些细节上先后照应,耐人寻味,展现了四代人对生老病死、战争与和平、幸福与痛苦的不同观点。

南茜·休斯顿笔触细腻,刻画人物心理活动栩栩如生。她的创作视角也极为独特,擅长历史性的题材,并从中挖掘出深刻的现实意义。她的行文善用干练的短句,拒绝晦涩的词汇,文本可读性强,却又耐人寻味,发人深省。文本中虽然充满了对立、误解、谎言和冲突,但是始终有一股温柔的气息缭绕,使得一些本来沉重的话题带给读者的并不只是冷冰冰之感,而是一种像浓雾笼罩般的忧愁之感。

（张逸琛　编译）

J

Jacquemard, Simone

（西蒙娜·亚克马尔）（1924 年—）

科学家、小说家

Jacquemard, Simone

(西蒙娜・亚克马尔)(1924 年—)

科学家、小说家

　　西蒙娜・亚克马尔 1924 年生于巴黎,在索姆河畔度过了童年时光。她毕业于巴黎索邦大学,后嫁给了一位心理学家。第二次世界大战后,她开始陆续发表作品。她一生共创作了四十多部小说、诗歌、译作和随笔,主要有小说《沙子》(*Sable*,1953)、《守夜人》(*Le Veilleur de nuit*,1962)、《特别的朋友》(*Compagnon insolite*,1961)、《柑橘园》(*Orangerie*,1963)、《一只小眼睛》(*Un petit œil*,1964)、《喀拉喀托火山爆发》(*L'Éruption du Krakatoa*,1969)及诗歌《宛如无边的大海》(*Comme des mers sans rivages*,1962)等。其中小说《守夜人》获 1962 年勒诺多文学奖。

　　西蒙娜・亚克马尔的作品试图从各个可能的角度探索人的良知及宇宙。《人体探秘》(*Exploration d'un corps*)对人的感官世界进行了探寻;《沙子》描写了爱情和人的嫉妒心理;《柏柏尔人的婚姻》(*Le Mariage berbere*)则表达了对重返另一种文明的渴望之情。西蒙娜・亚克马尔的小说世界中有各种类型的人物,但他们都有一个共同的需求:对自身以外的另一种身份或意义的追求。因此,在受害方和引诱人之间,在牧师和忏悔人之间,在孩子和监管人之间,在学生与女教师之间,在女人和教堂之间,在情人与原配之间,都存在着一种复杂的情感联系。安娜是一个贯穿多部作品的人物。在《沙子》和《柑橘园》中,她还只是个孩子,而在《喀拉喀托火山爆发》

及《柏柏尔人的婚姻》中,她早已长大成人,并开始了大胆而勇敢的探索之旅。西蒙娜·亚克马尔笔下的女主人公总是企图找回过去的自己,忘掉现在。在《沙子》中,安娜希望与被遗忘的那部分自我相遇;在《柏柏尔人的婚姻》中,她全身心融入柏柏尔人的传统世界中,希望回到人类社会的初始年代,找回被西方人遗忘了的生活艺术和技能。西蒙娜·亚克马尔一心想摆脱二律背反的桎梏,将生死、内外、大小、他者与我、概念与物质视作不可分割的整体。她还对中世纪的节日情有独钟,常常将情节的转折点安排在某个节日上。

西蒙娜·亚克马尔的叙事或广博、或含蓄、或简练、或细致,手法极为灵活,且用词丰富。故事中有对白,也有论说,新闻报道片段、信件、笔记或人类学论述随处可见。她的叙述角度多变,内容庞杂、深奥。毋庸置疑,西蒙娜·亚克马尔的作品游离于当代所有文学流派之外,堪称最为特别、最有力量的写作流派之一。

(陈静　编译)

Jelinek，Henriette

（亨瑞特·杰里内克）(1923—2007 年)

小说家

Jelinek, Henriette
(亨瑞特·杰里内克)(1923—2007 年)

小说家

　　亨瑞特·杰里内克 1923 年出生于朗德省,大学专业为心理学,之后成为了教师,尤其喜欢帮助那些数学学习有困难的学生。与此同时,她开始了自己的文学创作,并相当刻苦。她觉得每个人都应在努力工作中得到解脱,即使成为艺术家,也不应该有任何特权。她还经常出入巴黎艺术家和作家的圈子。

　　1961 年,她发表了第一部小说《彩色奶牛》(*La Vache multicolore*, 1968),受到了诗人、小说家雷蒙·格诺的赞扬。该小说讲述了一个与爱人生活了 7 年的女子遇到了 15 年前一个瞧不起她的男人,她与这个男人开始了一段模糊,且因不可公开而变得沉重的关系。后来她陆续创作了《可亲的李斯荣》(*Le Gentil Liseron*, 1963)、《威士忌之路》(*La Route du Whisky*, 1964)、《诱惑者的肖像》(*Portrait d'un séducteur*, 1965)和《疯子的脚步》(*La Marche du fou*, 1967)等作品。在《诱惑者的肖像》中,男主角自认为自己充满魅力,其实却是个让人厌恶的人。他遇到了一个追随他的女人,并和她开始了一场残忍的决斗。《疯子的脚步》被让·奥瑞尔于 1970 年改编成了电影《你与希腊水手或民航飞行员订过婚吗?》。1968 年,她放弃教书,专心写作。1976 年,她来到美国,成为垮掉的一代的一员,并参与了多部电影的剧本创作。后在美国重新开始了其教师生涯。在教授文学的同时,她为

《世界报》和《巴黎早报》撰稿。

2005年,她发表小说《优瑞·渥荣尼那的命运》(*Le Destin de Iouri Voronine*,2005)。小说讲述了一个俄罗斯移民在美国的故事。主人公一直生活在苦难之中,但在妻子去世后,儿子却赚了一大笔钱。他便纵情于巨大的财富之中,渐渐迷失了自己。最终,他的灵魂在东正教修道院中得到了救赎。这是一部简约的小说,为作者赢得了法兰西学院小说大奖,这意味着她的才华在82岁高龄时才终于获得了官方的认可。两年后,亨瑞特·杰里内克在巴黎逝世,一生共发表了14部小说。她的作品风格热烈而真诚,有趣而多情,但同时却带有深沉的悲观主义色彩,这些都为她赢得了同时代作家们的赏识。

(文晓荷　编译)

K

Kerangal,Maylis de

(玛丽斯·德·克朗加尔)(1967 年一)

小说家

Kerangal，Maylis de
（玛丽斯·德·克朗加尔）（1967 年—）

小说家

　　玛丽斯 1967 年 6 月 16 日出生于勒阿弗尔的一个海员之家，在鲁昂读完高中之后，她在巴黎学习了历史、哲学和人种学。在伽利玛出版社工作 5 年后，她在美国科罗拉多州旅居一年，后在巴黎社会科学高等学院进修一年。2000 年，她发表了第一部小说《我在积云天下行走》（*Je marche sous un ciel de traîne*，2000），后来又陆续发表了 3 部小说。2008 年发表的小说《肯尼迪峭壁》（*Corniche Kennedy*，2008）角逐了当年的美第西斯奖和费米娜奖。小说讲述了青少年的堕落问题。这部略显夸张的小说有着跌宕起伏的情节和充满音乐性的语言。2010 年，她发表的小说《桥的诞生》（*Naissance d'un pont*，2010）获得美第西斯文学奖，并进入费米娜奖、龚古尔奖和花神奖的角逐。

　　《桥的诞生》的内容与书名相符，讲述了一群来自中国、博比尼（法国省）、肯塔基（美国州）和俄罗斯的男女。他们将自己的孤独汇聚一起，全身心投入到一座高速公路桥的建设当中。故事发生在一个叫可卡的城市，该城市虽然缺乏自信却下决心要向四面八方发展。这部长篇小说描绘了这个巨大的工地上数十个男女交织在一起的命运，混合了苦辣酸甜各种感受及风景、机器、职业规划和社会阶层等各种话题。在一种幻想破灭的醉态中，既有欲望也有恐惧。对主人公之一的玛丽斯来说，则是一种无法逃脱的难以承受性,唯一的自救办法,便是去品味那些能给人以安慰的高昂情绪,并全力吸收黑暗前的光亮。玛丽斯 2012 年发表的小说《向东的正切线》(*Tangente vers l'est*, 2012)获得朗德诺文学奖(Prix Landerneau)。2014 年,她因作品《修复生命》(*Réparer les vivants*, 2014)成为法国文化电台大学生小说奖的首位获得者。该小说讲述了一个心脏移植的故事。

玛丽斯的文笔简明而热烈,语言具有旋律性。其文字常涉及团体、集体等主题,因为作者自称能在对事物的描述中感受快乐。其作品常表现一种由内而外的运动,这是一种自省,人物通过其表现而存在。她还认为自己的作品是一种现象学写作,将所有发生的事情全部记录于笔端。

(文晓荷　编译)

Khoury – Ghata, Vénus

（维纳斯・古瑞－嘉达）（1937 年—）

小说家

Khoury – Ghata, Vénus
(维纳斯·古瑞 – 嘉达) (1937 年—)

小说家

维纳斯·古瑞是一位诗人、中短篇小说家、小说家,其作品曾被译成英语、意大利语、德语和阿拉伯语。她于 2000 年获外籍军团骑士称号。维纳斯·古瑞出生在黎巴嫩北部一个叫普希瑞的村庄,纪伯伦也曾在这里出生。她个人也深受纪伯伦的影响,最初读的都是他的作品。维纳斯·古瑞的父亲是法国高级警察分局的翻译,他将自己对法语的鉴赏力传递给了 4 个孩子。父亲尤其对儿子维克多青睐有加。后者从 10 岁就开始写诗,是人人称道的天才,但却因作品未能出版而沉溺于毒品。从那时起,维纳斯似乎继承了哥哥的才华,开始写作。她的第一部作品便是描写哥哥的。1957 年,20 岁的维纳斯·古瑞步入婚姻,1959 年获选贝鲁特小姐,1970 年她选择离婚,1972 年再度结婚并定居巴黎。受两国文化的影响,通晓阿拉伯语和法语的维纳斯·古瑞至今已出版了十几部小说及十几部诗集。著述颇丰的她还是多个文学奖项的获得者,包括阿波利奈尔奖(《阴影及其尖叫》,*Les Ombres et leurs cris*,1979)、马拉美奖(《死者的独白》,*Monologue du mort*,1986)、天使湾奖、法兰西学院诗歌大奖(《雪之何用?》,*À quoi sert la neige?*,2009)等等。她同时还是众多文学奖如马拉美奖、法国 – 魁北克奖及法语地区五大洲奖的评委。

经历过黎巴嫩内战,又于 1981 年丧夫的维纳斯在作品中多描写死亡这一主题。由于家境贫穷,维纳斯·古瑞的童年很是不幸。记忆中,自己在贝鲁特的生活如同监禁,只有在母亲的家乡普希瑞她才觉得快乐。她的所有作品也都与普希瑞有关,是普希瑞打开了她的想象之门,那里的大自然和淳朴友好的农民在她的作品中反复出现。被称作美国最诚实的诗人艾丽西亚·奥斯特克(Alicia Ostriker)对她作品的评价是:"从余火未尽木块般的失去与死亡中,从童年、月亮、村庄、墓园、森林和上帝中,维纳斯·古瑞–嘉达创造了眩目、飞腾、令人激动的幻想物。她的作品呈现了另一个世界、另一种语言、另一种现实的维度,这些都是从未有过的创作。"

(文晓荷　编译)

Kristeva , Julia

（朱丽亚·克丽丝蒂娃）（1941 年一）

语言学家、评论家、哲学家、随笔作家、精神分析学家

Kristeva，Julia
（朱丽亚·克丽丝蒂娃）（1941 年—）

语言学家、评论家、哲学家、
随笔作家、精神分析学家

朱丽亚·克丽丝蒂娃 1941 年 6 月 24 日生于保加利亚，所学专业为语言学。1965 年，她获得了去法国深造的奖学金，拜罗兰·巴特为师。后加入《如是》杂志，与米歇尔·福柯、雅克·德里达及菲利普·索勒等合作。她将结构主义方法应用于互文性研究，将精神分析法与符号学相结合，在文学理论、精神分析学和符号学方面都取得了重大突破。巴黎 1968 年学潮运动期间，她与共产主义的狂热保持了一定的距离，但却为毛泽东思想的某些侧面所吸引。1974 年，她与巴特和索勒等人去中国访问，而此时的中国正处于混乱的"文革"时期，失望之余，克里斯蒂娃将政治理想暂搁一边，埋头钻研潜意识，并聆听了拉康的系列讲座，于 1979 年成为了一名精神分析学家。频繁往返于美国和法国讲学的克里斯蒂娃著有多部理论书籍，谈论有关忧伤、恐惧等心理危机问题，以及语言的局限性和女性问题等。这方面的作品主要有《小说的文本》（*Le Texte du roman*，1970）、《诗歌语言的革命》（*La Révolution du langage poétique*，1974）、《爱的故事》（*Histoires d'amour*）、《黑太阳》（*Soleil noir*，1975）、《中国女性》（*Des Chinoises*，*Des Femmes*，1975）、三部曲《女性天才：汉娜·阿伦特、梅拉尼·克莱恩及柯莱特》（*Le Génie féminin*：*Hannah Arendt*，*Mélanie Klein et Colette*，1999 - 2002）及《女人，一人》（*Seule*， *une femme*,2007）等。从 20 世纪 90 年代起,她开始创作小说,主要作品有《武士们》,（*Les Samouraïs*,1990）、《老人与狼》（*Le Vieil Homme et les loups*,1991）、《占有》（*Possessions*,1996）、《拜占庭谋杀案》（*Meurtre à Byzance*,1999）、《特蕾丝,我的爱》（*Thérèse, mon amour*,2008）、《时间的冲动》（*Pulsion du temps*,2013）及《魔钟》（*L'Horloge enchantée*,2015）等。2004 年,克丽丝蒂娃获得霍博格（Holberg）奖（此奖等同于人文领域的诺贝尔奖）,并成为将语言学、文化与文学融会贯通进行分析的第一人。自 2009 年起,克丽丝蒂娃还担任国家图书大奖的评委。

克里斯蒂娃最新的小说《魔钟》描述了这样一个故事:妮维是一名女心理分析师,有一次,她不慎溺水,被天体物理学家泰奥救起。泰奥有个孩子叫斯坦,他患有某种孤儿病,妮维便责无旁贷地照料起他来。这个三人组合迷上了一个历史人物及其作品。此人是路易十五时代最有名的天才机械工匠之一克洛德·西梅昂·帕斯芒,曾为受人拥戴者路易十五制作过一座钟。这座钟能一直不停地走到公元 9999 年。路易十五对此魔钟爱不释手,连其情妇蓬巴杜侯爵夫人看了都心生嫉妒。强烈的好奇心使泰奥放弃了天体研究,转而研究起自己的家谱来。他本人不就是一个叫帕斯芒的人的后代吗?除了治疗病人,妮维还为《心理杂志》撰稿。该杂志目前正致力于揭秘一桩桩媒体丑闻,这让人不禁联想起 1789 年革命前夕、旧制度快垮台时的那些谣言四起的年代。该杂志主编的尸体刚被发现,存放于凡尔赛宫的魔钟又被盗了。此盗窃案的罪魁祸首难道是某位中东地区的伊斯兰酋长吗?这些激进的环保分子是想以此来阻止核电站的运行吗?小说悬念不断,让读者不但重温了凡尔赛宫那温情脉脉的过去,还被诸如孩子记忆的恢复、流亡、爱的艺术、法兰西的欲望及其今天等主题所吸引。而小说真正的中心人物则非时间莫属,而且整部作品都带有浓重的自传色彩。

克里斯蒂娃的哲学思考还延伸到了政治方面,并曾因此而于 2006 年获得了阿伦特大奖。

（陈静　编译）

Lahens, Yanick

（亚尼克·拉昂斯）(1953 年—)

海地法语作家

Lahens, Yanick
（亚尼克·拉昂斯）(1953 年一)

海地法语作家

拉昂斯 1953 年出生于海地首都太子港，后来到巴黎求学，在巴黎第四大学完成学业后，回到海地，在师范学校任教直至 1995 年。拉昂斯是一名介入型作家，她热衷于社会活动，在社会及文化发展方面非常活跃。她是海地作家协会的创始人之一，并通过基金创立了一座图书馆。她亲身经历了 2010 年海地大地震。2014 年 11 月 3 日，她获得费米娜文学奖，获奖作品为《月光浴》(*Bain de lune*, 2014)。

在文学创作方面，拉昂斯可谓是大器晚成。1994 年，她发表了第一部短篇小说集《蕾西亚阿姨和上帝》(*Tante Résia et les Dieux*)，而要到 2000 年才出版她的第一部长篇小说《在父亲家中》(*Dans la maison du père*)。之后，她又陆续发表了 3 部长篇小说：《黎明的颜色》(*La Couleur de l'aube*, 2008)、《威廉和纳塔莉》(*Guillaume et Nathalie*, 2013) 和《月光浴》(*Bain de lune*, 2014)。其中《黎明的颜色》为她赢得了三项文学奖，分别为 2008 年度法国千页奖、2009 年法国 RFO 奖和 2009 年度法语国家短统靴文学奖。作为海地文学界的知名人物，拉昂斯在每部小说中都不遗余力地描绘加勒比海的真实画面。小说《月光浴》的主题具有相当的广义性，呈献给读者海地社会生活的方方面面，涉及了几乎所有大家共同关心的主题。它讲述的是海地一个大家族（两个家庭中四代人）的传奇故事。小说的故事情节围绕着海地的农民展开,但讲述的不仅仅是海地人的遭遇,而且是每个民族都面临的问题,如死亡、历史暴力、男女关系以及大自然等。

拉昂斯的写作崇尚神秘主义,文字充满了一种神秘、无形之美。写作主题广泛,多涉及海地社会现状。费米娜奖评委会发言人克莉丝汀·茱蒂斯赞扬《月光浴》将读者带入了一个非同寻常的世界,"作者有着巨大的想象力,她探讨已故的祖先对子孙的深远影响。"拉昂斯表示:大家都认为小说作家获奖是因为作家自身的努力,但我总觉得身后有一个永远与我脱离不开的背影,这就是我土生土长的故乡海地。

(张逸琛　编译)

Langfus,Anna

（安娜·朗非）（1920—1966 年）

小说家、剧作家

Langfus, Anna

(安娜·朗非)(1920—1966 年)

小说家、剧作家

安娜·朗非 1920 年 1 月 1 日生于波兰的一个犹太家庭。17 岁进入比利时韦尔维耶综合工科学院读书。婚后与丈夫返回波兰,参加反抗组织。她曾多次被捕,受尽折磨,直到 1945 年第二次世界大战结束时才被释放。1946 年,成为战争遗孀的安娜来到法国,并再次结婚。她是第一个书写关于大屠杀及其幸存者故事的作家,其著作被译成了好几种语言。包括小说《盐和硫》(*Le Sel et le Soufre*,1961)、《装沙的行李》(*Les Bagages de sable*, 1962)、《跳过去,巴拉巴拉!》(*Saute, Barbara*) 及剧作《麻风病人》(*Les Lépreux*,1956)。其中,小说《装沙的行李》获得了 1962 年龚古尔文学奖。1966 年,在其第 4 部小说尚未杀青之时,作家突然离世。

安娜·朗非的作品还原了战争的狰狞、大屠杀的恐怖及残暴景象。小说《盐和硫》与其说是一部构思精巧的故事,不如说是一部初具雏形的纪实文献。其内容自传色彩浓厚。作者满足于描写人物的主观感受,不做任何评价。善恶二元论在安娜那里没有任何立足之处,这使其作品显得十分真实而富有洞察力。安娜的笔触无情而犀利,在同类作品中可谓独树一帜。其作品中的人物面对法西斯的残暴已变得麻木不仁和无动于衷了,一个个都过着行尸走肉的生活。《装沙的行李》中的玛丽亚和《跳过去,巴拉巴拉!》中的米歇尔都想过"正常的"生活。年轻的玛丽亚是波兰人,第二次世界大战时在巴黎避难,后跟随一位老男人去到了法国南部。面对老男人觊觎的目光,玛丽亚做着消极无谓的抵抗,完全过着非我的生活。直到有一天老男人病危了,玛丽亚才意识到自己的存在,只是为时已晚:老男人的妻子现身,把她这个第三者无情地赶了出去,她只得再次背起那装有沙子的行李开始漂泊。"装沙的行李"一词既象征着过去日子的沉重,也象征着时间像沙漏里的沙子在不断流逝。这是一部令人悲痛的小说,一部讲述无助、精神空虚和怀疑的作品。很显然,和作品中的人物一样,安娜自己对在亲人们遭遇屠杀之后还苟且偷生有着强烈的内疚心理。也许对死者最好的悼念就是接受荒谬,拒绝意义。

安娜·朗非在作品中努力挖掘痛苦之人心中的欲望之死及对死之渴望。她善于捕捉人物细微的心理活动,通过省略和沉默等曲言法来进行委婉叙述。她的句子短而干涩,但却充满了活力。法语虽然不是她的母语,但经过她的妙笔,却能将人物深陷生活困境的痛苦表达得淋漓尽致。

(陈静　编译)

Laurens, Camille

（卡米耶·洛朗斯）（1957 年—）

小说家

Laurens, Camille
（卡米耶·洛朗斯）（1957 年—）

小说家

　　卡米耶·洛朗斯，真名洛朗斯·胡爱尔，1957 年 11 月 6 日出生于法国第戎市。她曾在诺曼底的鲁昂教书，从 1984 年开始转而在摩纳哥任教，并在那里度过了 12 个年头。2011 年 9 月，她来到了巴黎政治学院继续执教，目前定居在法国南部。她曾同时入围法国文坛最重要的龚古尔、美第西斯、勒诺多和费米娜四大文学奖项的决选名单，并一举赢得了费米娜文学奖，这在法国当代文坛实属罕见。她现任费米娜文学奖评审委员会委员。

　　从她刚踏入文坛起，洛朗斯·胡爱尔就使用了笔名"卡米耶·洛朗斯"。谈及使用这个笔名的原因时，卡米耶说："是出于客观原因。我的第一部小说《索引》(*Index*, 1991)的结构是嵌套式的，故事中有故事。书中的一个人物买了一本书，书名也是《索引》，其作者名字也是我。如果我署上真实姓名'洛朗斯·胡爱尔'，作者的性别就不再有神秘感了，因此，我选择了'卡米耶'这个中性的名字。"继《索引》之后，洛朗斯又陆续发表了许多作品，如《浪漫曲》(*Romance*, 1992)、《赫拉克雷斯的功业》(*Les Travaux d'Hercule*, 1994)和《前景》(*L'Avenir*, 1998)等。这四部作品形虽四部，神却一家，它们当中的每一章都按照字母表顺序排列，从《索引》开卷第一章"Abri"直至《未来》的最后一章"Zygote"。1994 年是她人生的低谷，这一年她的一个孩子去世了。丧子之痛成为《菲利普》一书的现实素材（同样围绕这一中心的还有《那个缺席者》，*Cet absent–là*, 2000）。然而生活中的失意却成就了她文学生涯的辉煌，《菲利普》（*Philippe*）问世后，卡米耶·洛朗斯的名字才广为人知。这部在痛苦中完成的自传体作品获得了一致好评，并成为其作家生涯的转折点，她转而从事自传体小说的创作。此后，她发表了一系列相关的作品，如《在他们的臂弯里》（*Dans ces bras–là*, 2000）、《爱情》（*L'Amour*, 2003）及《非你非我》（*Ni toi ni moi*, 2006）等。2003 年，在她的小说《爱情》发表之后，她的丈夫一纸诉状将她告上了法庭，声称卡米耶的小说内容侵犯了自己的隐私权，但此诉讼请求最终被巴黎大审法院驳回。《非你非我》是一部拉康式的小说。爱情作为尸体被层层解剖开来；人物、叙事者和作者彼此不分，形成一个永远也没有办法真正解开的连环套；迷离的语言、瞬间凝固的动作：读者只能任由自己被带入更深更远的迷失中，然而摧毁和迷失正是这部小说的魅力所在。2007 年，卡米耶·洛朗斯离开她的出版社 POL，转投伽利玛出版社（Gallimard）。随后她改变了风格，并于 2008 年出版了《编织成网》（*Tissé par mille*），醉心于识破被刻意隐藏在所有文字背后的秘密。在 2010 年 1 月最新出版的小说《不安的罗曼史》（*Romance nerveuse*）中，卡米耶·洛朗斯再次以自传体小说形式讲述了一个颇有教养的女作家与一个"狗仔队"摄影师之间的相遇。

洛朗斯的作品永远都渗透出女性的柔情与坚强。她的文字充溢着天马行空的想象以及围绕假想与现实、幻觉与真相的永恒思考，笔调细腻而幽默，因而广受赞誉。经历丧子之痛后的她，开始尝试一种全新的接近于半自传式的写作方法，即以自身为契点来描写整个人性，以一种自省的视角来描写人类的欲望以及人与人之间的关系，其写作风格也变得更加细腻和情绪化。

（张逸琛　编译）

Le Coz, Martine

（玛缇娜·勒·格兹）（1955 年—）

小说家、画家

Le Coz, Martine

（玛缇娜·勒·格兹）（1955 年—）

小说家、画家

　　玛缇娜 1955 年 9 月 13 日出生于夏朗德省，孩提时代，她就热爱绘画并想成为一名插图画家。线条、中国画、乔治·德·拉·图尔（法国巴洛克时期画家）都为她所喜爱。青少年时期她就开始欣赏英国画家透纳和亚瑟·拉克姆的作品。但是她并没有被表象所吸引，而是喜欢象征性的维度和神秘的东西。她的绘画作品少有颜色，大片留白，主题多为雌雄同体。但是她却成为了一名笔迹学家和小说家。人文主义的使命和她自己所谓的"上天的需要"推动她对当时被认为矫揉造作和过时的博爱提出疑问。遵从于内心的需要，她游历非洲，写下了一些反种族主义的作品，如《雷奥，夜晚》（Léo, la nuit, 1997）、《斑马的忧伤》（Le Chagrin du zèbre, 1998）和《黑鬼和水母》（Le Nègre et la Méduse, 1999）等，并将精神探索进一步深化。2003 年，她的作品开始涉及宗教间的对话。2008 年，受阿尔及利亚英雄阿卜杜·卡迪尔故事的启发，她写出了小说《东方花园》（Le Jardin d'Orient, 2008）。

　　2001 年，她凭借作品《瑟莱斯特》（Céleste, 2001）获得勒诺多文学奖。

　　这部小说讲述了一个爱情故事，同时也是一部历史小说，书中强调了肤色的平等性。1832 年的春天，巴黎正深陷霍乱，画家保罗·于埃的一个侄女瑟莱斯特在他家遇到了一位名叫罗德朗的医生，他们一见钟情，但却不能互吐情愫，因为羞涩也因为世俗。罗德朗是海地奴隶的儿子，有着黑色的皮肤,他无论是对妓女还是对资本家都持同样的态度,由于耽误了一个公证人的治疗,他被其遗孀控告为下毒谋杀,于是不得不流亡。在这部小说中,情感分析是优先的,但是作者也讨论了七月王朝下法国社会黑人移民的生活。

玛缇娜的作品内容多为宗教之间的对话和关于精神和人文的思考。她认为写作是一种天资,是富有表达力的。作者,从词源学来讲,是指"增长的东西",它应该使事物增长、肥沃。写作的意义在于有生命的事物;写作的主要责任在于连接关系,使人类结构更加丰满。写作并不局限于它的具体结果,即书的出版。写作的果实在于传递,传递一种敏锐度、一种回响、一些记忆。

(文晓荷　编译)

Leduc, Violette

(维沃莱特·勒杜克)(1907—1972 年)

小说家

Leduc, Violette

(维沃莱特·勒杜克)(1907—1972 年)

小说家

维沃莱特·勒杜克是个私生女,在瓦朗谢讷长大,从小体弱多病,且其貌不扬,虽有外祖母疼爱,但却因其不合法的出生和丑陋的长相而遭到亲生母亲的鄙视。从寄宿学校毕业后,勒杜克前往巴黎拉辛中学及书之家继续学业。曾就职于一家出版社,先任秘书,后当记者。与作家莫里斯·萨克斯交往甚密。在后者的鼓励下她开始写作。她的第 6 部小说《私生子》(*La Bâtarde*, 1964)由西蒙娜·德·波伏瓦作序,获得了巨大成功。与同时代作家如波伏瓦、科克托、萨罗特等人的友谊也使她声名鹊起。她一生致力于文学创作,主要作品还有:《窒息》(*L'Asphyxie*, 1946)、《饥饿的女人》(*L'Affamée*, 1948)、《蹂躏》(*Ravages*, 1955)、《老姑娘与死者》(*La vieille fille et le mort*, 1958)、《攫取宝藏》(*Trésors à prendre*, 1960)、《特蕾莎和伊莎贝尔》(*Thérèse et Isabelle*, 1966)、《疯狂》(*La Folie en tête*, 1970)及《寻觅爱情》(*La Chasse à l'amour*, 1972)等。

勒杜克的小说世界既冷漠又灼热,字里行间充满了对爱情的渴望及对孤独、失望、痛苦之情的描绘。这是一种被她本人称为"私生"的状态。童年生活的痛楚赋予其作品始终一贯的主题色彩。她太需要诉说了,诉说她那独一无二的私生子处境。在《窒息》的开头,她这样悲叹:"我母亲从未帮过我。"她用写作来防止自己陷入绝望和疯狂。其作品最大的主题是孤独。

《特蕾莎和伊莎贝尔》中那位风华不再的女同性恋者曾感慨自己是条被人抛弃的狗。《老姑娘和死者》中,那个老姑娘只能让一具尸体爱上自己。而在《私生子》和《蹂躏》中,她曾两度对痛苦的三角恋情进行了描述。是啊,被父亲遗弃,又遭母亲唾弃的勒杜克对那种"不可能的爱"有着刻骨铭心的痛。她在失败与渴望中苦苦挣扎。勒杜克还擅长将性爱场面描写得既细致入微又充满了诗意和野性,因为对这个深受貌丑之苦的女人来说,身体的感觉显得异常敏感而独特。

勒杜克有着惊人的写作才华,她的句子短促、优美而富有力量。一个普通的日常景象经她的想象和妙笔,竟变成了一首首令人惊奇的诗歌,散发出神奇的野性魅力。她终其一生都没有摆脱生存的痛苦,但通过写作,她却着实给了这个让私生子们无法生存的世界一个狠狠的反击。

(陈静　编译)

Lefèvre, Françoise

（弗朗索瓦斯·勒凡弗尔）(1942 年—)

小说家

Lefèvre, Françoise
(弗朗索瓦斯·勒凡弗尔)(1942 年—)

小说家

　　弗朗索瓦斯 1942 年 11 月 22 日出生于巴黎,拥有德国和瑞典两国的血统,现生活在勃艮第。她育有四子,最小的女儿赫敏娜是一位小提琴家,儿子雨果是一位演员兼导演。32 岁时,她辞去引导员工作,开始文学创作。

　　1974 年,她的第一部小说《第一个习惯》(*La Première Habitude*,1974)使她为公众所知晓,并且获得《Elle》读者奖。1990 年,《食人族小王子》(*Le Petit Prince Cannibale*,1990)获得龚古尔高中生奖。1993 年,她在第戎一个平民社区的初中设立了一个写作工作室,这个工作室持续了 3 年。《第一个习惯》讲述了一个悲伤的爱情故事。女主角疯狂地爱上了一个朝三暮四的画家,这份爱在苦难中持续了 7 年,而她生下的两个女儿也不得不被抛弃,一度远离自己的母亲。《食人族小王子》讲述了一个伟大女歌唱家的故事。她自己被疾病所啮噬,还得照顾自己那个患孤独症的 6 岁儿子。这个孩子有点像小王子,他似乎居住在另一个星球上,沉浸在自己的世界里,聆听寂静。而母亲尝试着让孩子从这种监牢中走出来,同时继续自己的写作生涯。

　　作为一名书写记忆和激情的作家,弗朗索瓦斯既温柔又反叛,是一个爱的卫士。她尝试不犯错,不背叛,守住信用。她的作品感情真挚,显示了其独有的写作才华。她不停加深对绝对的追求,而这种绝对体现在真实的日常生活中。弗朗索瓦斯一直以来都像一位卫士,而她的使命是关心那些没有办法自卫的人。她用双眼注视着日常世界,是一个真正被写作拯救的作家。她的作品题材多是内在性的,比较少见。她知道如何捕捉幸福与不幸交织成的生命之光。她的文笔精致、坦诚、诗意、温柔、动人而真实。通过小说,弗朗索瓦斯书写了自己内心的伤痛、幻灭和冲动,表达了生命和死亡的意义,及其对自己和他人、对写作功能和真理的不懈思考。她坦承:"我对即将书写的篇章的热爱如同一位恋人奔赴其约会"。

（文晓荷　编译）

Le Franc, Marie

（玛丽·勒·弗朗）（1879—1964 年）

布列塔尼小说家、诗人

Le Franc, Marie

（玛丽·勒·弗朗）（1879—1964 年）

布列塔尼小说家、诗人

　　玛丽·勒·弗朗生于法国莫尔比昂省（Morbihan）的一个名叫萨尔足（Sarzeau）的小镇。4 岁时，她寄宿在外公外婆家，跟两位老人感情深厚。外公是名艄公，她特别喜欢跟外公出海，后者甚至准许她到牡蛎养殖场里面玩耍。外婆则教给她唱歌和读书，所用的大多是有关宗教的书籍，其中充满了小玛丽不懂的拉丁文单词。7 岁那年，玛丽被严重烧伤，出院后被父母接回了家中（萨尔足）。玛丽对于母亲的感情很淡薄，印象中的母亲总是忙忙碌碌的，无暇顾及自己，而父亲则是一名酷爱大海的海关职员。小玛丽的读书和识字技能都是从修道士那里学来的。后来玛丽进入了萨尔足的圣母院与修女们一起学习，随后考入了瓦纳师范学院，并于 1897 年考取了教师资格证。她 18 岁时开始写诗，作品频现报端。1900 年，她因报纸上的一幅肖像爱上了当时法绍达事件中的马尔尚少将，虽然最终未能走到一起，但这段爱情经历给玛丽的生命刻上了深深的印记，对她后来的文学创作也产生了很大的影响。1927 年，她凭借作品《老实人格朗·路易》（*Grand - Louis l'innocent*）获得费米娜文学大奖。1935 年她被授予法国荣誉军团骑士勋章（Chevalier de la légion d'honneur），1952 年加入法国作协（Les gens de lettres）。

　　《老实人格朗·路易》是一部别出心裁且诗意盎然的小说，这或许是吸引评审委员会的原因。小说的写作灵感来源于在纳瓦罗海港的一次邂逅。作者在回居依半岛的途中,遇见了这位"头脑简单、随遇而安、对生活毫无奢望的格朗·路易",他吸引了所有人的注意力,同时活跃了周围的气氛。这部小说获奖的消息一经传出,便在全社会引起了巨大反响。当时一部分人认为这部小说讲述了一个野蛮的故事,也有人认为书中主要就是探讨了爱情问题。1933 年 1 月,玛丽参加了苔米斯嘉明格先锋会(des pionnières dans le Témiscamingue),在会上,大家彼此分享各自生命中的酸甜苦辣,这段经历启发她写出了小说《孤独的河流》(*La Rivière solitaire*)。

　　玛丽·勒·弗朗的文字与她的本人一样,都有浓重的乡土气息,而且是来源于两个家乡的气息:布列塔尼和魁北克,一个是她的出生之地,一个是在她彷徨无助时收留她的国度。这两个地方都令她魂牵梦萦,在她二十多部作品中都能看到布列塔尼的醉人海景和魁北克的神秘森林。

(张逸琛　编译)

M

Mallet – Joris, Françoise

（弗朗索瓦斯・玛莱 – 若丽）（1930 年—）

比利时籍法语小说家

Mallet – Joris , Françoise
（弗朗索瓦斯·玛莱 – 若丽）（1930 年—）

比利时籍法语小说家

　　弗朗索瓦斯·玛莱 – 若丽出生于比利时昂外尔（Anvers），并在比利时度过了童年。她的父亲阿尔贝尔·里拉尔（Albert Lilar）曾是司法部部长，母亲苏萨娜·里拉尔（Suzanne Lilar）是一名作家，同时是比利时文学院的院士。15 岁时，她离开家乡，辗转于美国费城和法国巴黎各大高校。21 岁时，她的文学生涯正式开始，这一年她发表了处女作《修女的壁垒》（*Les Remparts des béguines*）。玛莱 – 若丽拥有几家出版社，并自己担任编辑。1955 年，她发表了第二部小说《红房子》（*La Chambre rouge*），并于同年接受了天主教洗礼。1958 年，她凭借小说《天国》（*Empire céleste*）一举夺得了费米娜文学奖。1968 至 1970 年间，她是费米娜文学奖评审委员会的成员之一。1970 年，她又被选入龚古尔文学奖评审委员会，并于 1973 年成为该会副会长。1972 至 1979 年间，她为歌手玛丽 – 宝儿·百丽（Marie – Paule Belle）创作歌词。1973 年，她被美国现代语言协会授予荣誉院士称号。离异后与画家雅克·德尔福（Jaques Delfau）再婚，育有四子。

　　玛莱 – 若丽最好的作品莫过于她的第一部小说《修女的壁垒》。爱莲娜（Hélène）是一名 15 岁的佛拉芒女孩，她渐渐意识到自己是双性恋，但并不为此担心。爱莲娜的同性恋启蒙者是她父亲的未婚妻，名叫塔玛拉（Tamara）。重重的困难并未阻止她们彼此相爱。小说的情节处理得很谨

浪漫之旅——法国女性作家的生活与创作

慎,爱莲娜第一人陈叙述着发生的事情,但在一些世人难以接受的情节上省略了很多的细节,文字只停留在若隐若现的层面。即便如此,读者还是可以通过大量的富有隐喻的日常描写中明白事情的来龙去脉。

弗朗索瓦斯·玛莱－若丽在法美两国文学界占有不可或缺的地位。她的文字中透出的贵族血统的高贵气息,加之一抹独特的宗教气息,使得她的作品别具一格,较之一般的年少冲动与叛逆的文字表现力更强。玛莱－若丽的文字超越了通俗文学的范畴,因为她擅长抓住人物外在与内在之间的差距,这种表达方式是作家各类型作品的主线,包括小说、传记等,她的作品很早就显现出其基督教情结。在《人物》(Les Personnages, 1961)、《玛丽·曼西尼》(Marie Mancini, 1964)、《路易十四的第一个情人》(Le premier amour de Louis XIV, 1964)和《夜晚的三个阶段》(Trois âges de la nuit, 1968)这几部作品中,一方面隐约显露出一种激起肉欲的冲动,另一方面,也体现了作者对自己的社会定位———一个属于特定文化、特定阶层和特定时代的女人。正是这种看似矛盾的地方构成了她的自传体小说的脉络,这在《写给自己的信》(Lettre à moi－même, 1963)和《纸屋子》(La Maison de papier, 1970)中可见一斑。

(张逸琛　编译)

Marbo , Camille

（卡米耶·玛尔波）(1883—1969 年)

政治家、作家、社会工作者

Marbo,Camille
(卡米耶·玛尔波)(1883—1969 年)

政治家、作家、社会工作者

卡米耶·玛尔波,原名玛格丽特·波莱尔(Marguerite Borel),1913 年荣获费米娜文学奖,并曾担任作家协会主席、费米娜文学奖评奖委员会。她是数学家保罗·阿佩尔(Paul Appell)的女儿。1901 年,她嫁给了数学家兼政治家波莱尔(ÉmileBorel)。1906 年,她与丈夫一起创建了《月刊》。该期刊很受政界和文坛的青睐,因为它提供了自由发表言论的平台。而期刊中剧评、小说评论以及其他一些专栏均由玛格丽特亲自执笔。她的笔名 Camille Marbo 是由 Marguerite 和 Borel 的开头几个字母组成的。她是居里夫人的朋友,在居里夫人与郎之万之间的婚外情被媒体揭发后的风口浪尖上,她在自己家中收留了居里夫人,给予她庇护,并不惜为此与父亲发生争执。玛格丽特积极参与圣阿夫里克的政治生活,并于 1947 年至 1954 年间担任圣阿夫里克市副市长。卡米尔·玛尔波在 1937 年成为作家协会会长,并于 1938 年获得连任。1947 年解放运动后,她成为费米娜文学奖评奖委员会委员,之后担任会长。她还获过荣誉军团司令勋章。

卡米耶于 1913 年凭借作品《蒙面的雕像》(*La Statue voilée*)获得费米娜文学奖,当时该奖项被称为幸福生活奖。她一生写过四十多部小说、几部专著和回忆录。1967 年出版的回忆录名为《贯穿了两个世纪的那些回忆与相逢(1883－1967)》。

卡米耶是一位介入型作家,她积极参与政治生活,同时又笔耕不辍。作为一名女权主义者,她的行动和文字都一直站在女权运动的前沿,并坚信:女性想要真正摆脱世俗成见,掌握自己的命运,在现实中是任重而道远的。

(张逸琛　编译)

Martinez , Carole

（卡罗拉·马尔提那兹）（1966 年一）

小说家

Martinez，Carole
（卡罗拉·马尔提那兹）（1966 年—）

小说家

　　卡罗拉曾是一名喜剧演员，后来接受了教师培训，成为一名初中法语老师。2005 年，她在休产假期间投入写作，想写出一些介于童话和小说之间的东西。她常从自己的西班牙家族传统中的神话中汲取灵感。卡罗拉的第一部小说《缝合的心》（*Le Coeur cousu*，2007）就来源于祖母给她讲的一个故事。这部小说取得了巨大成功，为她摘得了高中生勒诺多奖及奥德修斯奖等 8 个文学奖。2011 年初，她发表了为青少年写作的侦探小说《证人之眼》（*L' Oeil du témoin*，2011）。这本小说曾以《书的尖叫》（*Le Cri du livre*，1998）为名于 1998 年第一次出版。2011 年，其小说《低语的领域》（*Du domaine des murmures*，2011）在出版两个月后获得高中生龚古尔奖。

　　《缝合的心》讲述了一个有点让人难以置信的故事，有点像是一个神话故事，但也确实有章法可循。这是一部大胆的作品，且可读性强。其写法细腻，故事扣人心弦，因而是一部文学性很强的畅销作品。《低语的领域》与《缝合的心》完全不同，但也获得了很好的反响。故事发生在 12 世纪。作者并没有让人迅速陷入到艰难的历史重建中，而是让读者生活在了一个合情合理的中世纪，免去了通常炫耀阔气场面的描写。主人公是一个因为逃婚而被判处终身监禁的女人。作者在书中呈现的世界是女人监狱窗口之外的世界：十字军、腓特烈一世等。虽然没有自由，且与外界世界隔离，主人公却具有敏锐的观察力。书中探讨了有关欲望、血统、妇女状况和生育等令人深思的问题。中世纪女人的命运只是放大当下女人命运的镜子。作者不仅关心妇女状况,还放眼全人类。

　　很少有法国当代作家像卡罗拉这样懂得以一种有说服力的方式,并通过一些虚构的形象来探讨我们每日的生活现实和最棘手的问题。她的作品超越了现实主义、封闭的自我虚构式小说及历史民间故事的限度。她应该是与米歇尔·图尼埃同水平的作家。

（文晓荷　编译）

Miano, Léonora

（莱奥诺拉·米亚诺）(1973 年—)

喀麦隆法语作家

Miano, Léonora

(莱奥诺拉·米亚诺)(1973 年—)

喀麦隆法语作家

　　莱奥诺拉·米亚诺于 1973 年 3 月 12 日出生于喀麦隆滨海城市杜阿拉,从小便显露出了文学方面的天赋。她 8 岁开始写诗,少年时期便开始尝试写作小说。在家乡读完小学和中学后,1991 年来到法国求学,目前居住在巴黎。米亚诺认为,要想形成自己的写作风格,将自己的性情融入到写作中并释放出文字里的音乐感,并非一朝一夕之事,这需要时间的沉淀,因此,虽然米亚诺从 16 岁开始便保持了每年一部小说的写作速度,但直到 30 岁她才陆续开始发表自己的作品——她认为那时自己才准备好了。2005 年发表的第一部小说《夜里》(*L'Intérieur de la nuit*)一举获得了 2006 年度妇女处女作奖、喀麦隆优秀文学奖等六个文学奖。法国《读书》(《*Lire*》)杂志将该书列为畅销书。2006 年发表的第二部小说《来日蜿蜒曲折》(*Contours du jour qui vient*)获得了中学生龚古尔文学奖。米亚诺是一位多产的作家,至今已发表过 11 部小说。2010 年出版的《献给爱丽丝的布鲁斯舞》(*Blues pour Elise*)和 2011 年出版的《悲伤的内心》(*Ces âmes chagrines*)双双获得“黑非洲”文学大奖。2012 年发表的《为说而写》(*Écrits pour la parole*)荣获 2012 年度塞利格曼文学奖。2013 年出版的《阴影的季节》(*la Saison de l'ombre*,2013)获得费米娜文学奖。米亚诺在非洲度过了青少年时代,对非洲有着深厚的情感,她的大部分小说描写的都是发生在非洲的故事。

《阴影的季节》描写的故事发生在 17 世纪西部非洲内陆的一个地方，那里居住着米兰戈部落。一天的破晓时分，村子里突然发生了一场火灾，期间十名男性人间蒸发了，其中有两名是中年男子，其余的都是青少年。到底谁是这场火灾的元凶？失踪的孩子又到哪里去了？宁静的村庄从此开始骚乱，女人们哭喊着寻找自己的孩子。随着故事情节的发展，米兰戈部落酋长和村民们渐渐明白，失踪的孩子是被邻近的贝维勒部落抢走的。这些孩子被捆绑起来后押送到海边，然后以极低的价格被出卖，而买家正是来自遥远的北方的欧洲人。这部阴郁的史诗般的小说探讨了一个敏感的主题：17 世纪那段贩卖黑人奴隶的黑暗历史。但这不是一本关于三角贸易的历史小说，书的主角是生活在前殖民时代的南撒哈拉人民，他们对自己以外的世界一无所知。作者小心避开年代错误，以最确切地接近还未受到欧洲影响的南撒哈拉的感知。作者讲述了这片神奇而神秘的散文诗式的土地上的宗教、神秘主义、信仰及为生存而创造的义务。

"我写作是为了探索。"雷奥诺拉如是说，"我对非洲有话要说，我并没有什么情结，也不害怕面对这段历史。它解释了很多今天所发生的事。这很动人，也很复杂。"她的语言清晰而多姿，作品多讲述南撒哈拉人民的苦难生活。

（文晓荷 张逸琛 编译）

N

Ndiaye, Marie

(玛丽·恩迪亚耶) (1967 年—)

塞内加尔裔法国籍黑人女作家、剧作家

Ndiaye，Marie
（玛丽·恩迪亚耶）（1967 年—）

塞内加尔裔法国籍黑人女作家、剧作家

　　玛丽·恩迪亚耶 1967 年 6 月 4 日出生于卢瓦雷省的皮蒂维耶，在巴黎城郊度过了自己的童年。在她不到一岁的时候，父亲只身离开法国回到了塞内加尔。此后恩迪亚耶只见过他三次，最近的一次也要追溯到 20 年前了。恩迪亚耶由教授自然科学的母亲一手带大。如同其他孩子一样，恩迪亚耶的童年普通平常，但是学习成绩突出。她的哥哥一直就读师范学校，现在是历史老师。和她哥哥截然不同的是，恩迪亚耶不希望长时间在学校上课，十二三岁就开始写作，立志长大当一名作家。"全力以赴成为作家"对于恩迪亚耶来讲不是空洞的愿望，而是青年时代的具体行动。12 岁上，她开始写作。1985 年，在她 17 岁时，她撰写完成了第一部书稿《至于远大前程》（*Quant au riche avenir*）。她将书稿寄给了法国著名出版社——子夜出版社的社长热罗姆·兰东。社长和编辑深深被恩迪亚耶的文笔打动，决定立即出版。

　　恩迪亚耶的处女作一鸣惊人，《文学半月谈》杂志社曾这样评价道："她已经是一位伟大的作家了。她用自己独一无二的写作风格，写出了具有普世价值的作品。"此书问世后她收到了许多读者来信，其中包括后来成为她夫婿的作家让－伊夫·桑德雷。第一部小说的成功为她赢得了一份奖学金，供她在罗马一年的学业。1987 年，她发表了第二部小说《古典喜剧》

（*Comédie classique*）。该小说长达 97 页,从头至尾却只有一个句子。一炮走红后,恩迪亚耶笔耕不辍。人们在阅读她的作品时常常被作者奇特的创作灵感和美妙的语言所打动,特别是被书中描述的那些光怪离奇的场景所震撼。迄今,恩迪亚耶已经发表了 12 部小说、6 部戏剧和 2 部少儿文学作品。2001 年,其小说《罗茜·卡尔普》（*Rosie Carpe*）荣获法国费米娜文学奖。22 岁时,恩迪亚耶生平第一次来到非洲,在塞内加尔与父亲重逢。她如此描述此次旅行:"我一无所知,真的一无所知。我找不到与这片土地一丝一毫的基因联系。从我踏上这片土地的那一刻起,我就一直对自己说这是我的家,但给我的感觉却依然是异国他乡,然而这种陌生感并不让人反感,反而十分迷人。"2003 年发表的戏剧《爸爸必须吃饭》（*Papa doit manger*）被遴选为法兰西剧院保留剧目,成为唯一享受此殊荣的法国在世女作家。2007 年,她率全家移居柏林。远离法国后,她才在第 12 部小说《三个坚强的女人》（*Trois femmes puissantes*）中描写熟悉的法国和塞内加尔。2009 年,恩迪亚耶还与法国女导演克莱尔·德尼斯（Claire Denis）合写了电影剧本《白色物质》（*White Material*）。无独有偶,剧本中的故事也发生在非洲。同年,她获得了龚古尔奖,打破了"作家不能兼获费米娜和龚古尔两项大奖"的魔咒。她还是 1998 年以来首位获得龚古尔文学奖的女作家,也是 1903 年该奖设立以来首位获此殊荣的黑人女作家。她自己也坦言:"我非常高兴作为一个女性接受龚古尔奖。"

小说《三个折不断的女人》由三个相对独立的部分组成,讲述了诺拉、芳达和卡迪·当巴三名塞内加尔女子在家庭、爱情和移民方面的不幸遭遇,以及她们为维护自身尊严而进行的不懈努力。诺拉是律师,38 岁时到非洲探望幼时遗弃她的父亲,发现父亲已经变成一位沉默寡言的老人,父亲叫她来的目的是要她替犯下杀人罪的弟弟辩护。芳达在塞内加尔首都达卡尔教法语,但她不得不与其丈夫鲁达去法国生活,鲁达却不能给她富足快乐的生活。卡迪·当巴是个寡妇,没有钱,打算投奔在法国生活的表妹芳达。《三个折不断的女人》与其说是礼赞,还不如说是反讽。作者以华丽而冷眼的独特笔调,刻画三个女人辗转于各种角色时所遭遇的羞辱,勾勒出欧洲和非洲两个大陆之间爱恨交织的文化冲突。在许多人眼中,恩迪亚耶是一个所谓的"混血儿",然而她本人却不以为然。"我父亲在我一岁时就离开了,我从未跟他一起生活过。我生在法国,长在法国,是百分百的法国人。有人认为我拥有双重国籍,双重文化背景,我不敢苟同。但是我不反感在塞内加尔人们说我是非洲人。"

恩迪亚耶的作品文采斐然,经常通篇使用大量的长句,使得作品的表现力相当强。她的文字单纯,不掺杂其他诸如政治、女权等因素,她自己在在一次接受法国国际广播集团采访时曾指出,"我不是作为一位女性而写作,也并非作为一位黑人女性而写作,我是作为人类社会的一员而写作。我不参与政治生活,一位作家一旦介入了政治,他的写作就变得不那么灵活了,他有许多需要传达的信息。这样的文字缺少一些模棱两可的东西。而我恰恰相反,我喜欢在这种模棱两可的感觉中写作,这样可以留下更多思考的空间。"

（张逸琛　编译）

Nimier, Marie

（玛丽·倪米尔）(1957 年—)

小说家、歌词作者

Nimier，Marie

（玛丽·倪米尔）（1957 年—）

小说家、歌词作者

    玛丽·倪米尔 1957 年出生于巴黎，是罗日·倪米尔（法国小说家）的第二个孩子。玛丽·倪米尔著述颇丰，其作品被译成了多种语言（德语、荷兰语、意大利语、希腊语、日语、越南语、阿拉伯语等），也获得了很多文学奖项，她的第一部小说《塞壬》（*Sirène*，1985）获得法兰西学院奖及文学家协会奖（prix de la Société des gens de lettres）。2004 年，其小说《沉默女王》（*La Reine du Silence*，2004）获得美第西斯奖。此后，玛丽·倪米尔又发表了《您跳舞吗？》（*Vous dansez?*，2005）一书。这是她为舞蹈而写作的文集，同年被多米尼克·波文编成舞蹈，取名为"你在想什么？"。玛丽·倪米尔同时也为儿童写作，并进行戏剧和歌词创作。

    在《塞壬》一书中，年方 20 的马丽娜·科尔贝决心跳进塞纳河。她冷漠地庆祝自己的离去，仿佛死亡除永沅离夫之外还可以意味着其他事情。她聆听着水妖精因被情人抛弃而唱出的绝望歌曲，投入了塞纳河的水流之中。跟随奥德修斯的脚步，她遇到了塞壬们。她们是堕落的女神，是具有致命吸引力的女人，她们有着迷人的身体，并讲述着传奇，就像是海里的暗礁。因无法说出真相，她在沉默中加入了塞壬的行列。在书中，作者探讨了女性气质、母性、双重人格的内在冲突等主题。《沉默女王》是一部关于作者父亲的小说，也是她的第九部小说。玛丽 5 岁的时候，父亲因驾车撞上桥栏杆而去世,一起死亡的还有父亲的年轻女伴。父亲的家人和朋友都为之伤心,而玛丽却丝毫不理解。在父亲死亡 20 年后,玛丽决定重新探寻父亲死亡的悲剧。写这本书,对于玛丽来说是要承担一定风险的,包括如何正视父亲身上的象征意义,如何呈现这个文学怪物及其矛盾的性格。玛丽·倪米尔探究起自己的父亲,比自己母亲所讲述的事情走得更远。她尝试与自己这个有点朝三暮四、不关心家庭的父亲和解。她曾说:"父亲被文字牵扯着,而这些文字很快就超越了思绪。"她以一种亲切和真诚的文笔,给人们讲述了自己对父亲的探索,以及对父亲既恐惧又敬仰的复杂感情。

玛丽·倪米尔是一个具有很高天赋的作家。同时她也很有勇气,不惧世俗,并一度将自己写的色情小说的女主角以自己的名字命名。她常以一种忧郁的幽默去刺穿极度的夸张。她曾说:"文字是我唯一愿意收集的东西。"

(文晓荷　编译)

Noailles, Anna de

（安娜・德・诺阿伊）(1876—1933 年)

诗人、小说家

Noailles, Anna de
(安娜·德·诺阿伊) (1876—1933 年)

诗人、小说家

安娜·德·诺阿伊,即安娜-伊丽莎白·德·布朗可凡 1876 年生于巴黎,是罗马尼亚贵族后裔。父亲在她 9 岁时去世,母亲是希腊人,外祖父曾任土耳其驻伦敦大使。她将法语当做自己的母语,是最正宗的巴黎诗人。她从小就对诗歌着迷,13 岁时便开始写诗,对高乃依、雨果、缪塞及高蹈派诗人情有独钟,与同时代大作家巴雷斯、普鲁斯特、科莱特、科克托等过往丛密。1897 年,19 岁的安娜嫁给了马蒂厄·诺阿伊公爵(1873—1942 年),夫妇两人常来往于巴黎社交界的高层。1901 年,就在其儿子安娜-于勒出生的那年,安娜凭借第一部诗集《心绪万千》(*Le Coeur innombrable*)荣获法兰西学院诗歌大奖。1904 年,安娜与阿尔方斯·都德夫人和朱迪特·戈蒂埃等人联合创立了"幸福"文学奖。该奖项的名字取自同名杂志,是费米娜文学奖的前身。1922 年,安娜当选比利时皇家学院院士,并成为法国荣誉勋章第一位女性得主。1933 年安娜去世时,法国政府为她举行了国葬,并将其安葬在拉雪兹神甫公墓。安娜一生共创作有 3 部小说,包括:《新的希望》(*La Nouvelle Espérance*, 1903)、《惊奇的面孔》(*Le Visage émerveillé*, 1904)和《统治》(*La Domination*, 1905),一部自传:《记我的一生》(*Le Livre de ma vie*, 1932)及大量诗作,如《生者与死者》(*Les Vivants et les morts*, 1913)、《恋诗》(*Poème de l'amour*, 1924)、《受苦的荣幸》(*L'Honneur de souffrir*,1927）及《最后的诗句》（*Derniers Vers*,1934）等。

安娜·德·诺阿伊生前就因其贵族式的美貌、不凡的谈吐、过人的才华和优美的诗作而获得无数赞誉。她用大量异教色彩浓厚的抒情诗作赞美了自然的美丽、爱情的甜蜜和人生的快乐。她的描写是那么传统而不乏真诚：“谁像我那么热烈地爱过 ／ 爱那白天的阳光和万物的柔美 ／ 生命在大地和晶莹发光的水中孕育”。但由于身体原因，安娜不得不经常卧床休息。虽然她从不轻言自己身体上的痛苦，但从其 1913 年的作品《生者与死者》起，除自然和“我”两大主题外，死亡主题逐渐凸显。这一点在其后期的几部诗集中显得更为明显。诗集《恋诗》、《受苦的荣幸》及《最后的诗句》中收录了安娜最为动人的几首诗。这些诗以朴实雅致的文笔表达了对美好人生和健康的渴望，及对病魔的诅咒和无奈。小说《惊奇的面孔》（1904）描写的是一个修女的爱情日记，虽然其结尾有浓重的说教意味，但在最初发表时仍引起了轩然大波。自传《记我的一生》记录的并非是其一生的故事，而只是到其结婚前 5 年所经历的心路历程。该书为读者呈现了一个热爱生活、才华横溢、令人羡慕的青年女才俊形象。

虽然被称作是“新浪漫主义诗人”或“抒情浪漫派诗人”，安娜·德·诺阿伊却在死后的很长一段时间内都没引起足够的重视。这一现象正在慢慢改变，她的诗歌意象鲜活、睿智幽默，能给不同年龄段的读者以力量和感动，非常值得后人去重读。

（陈静　编译）

Noël, Marie

（玛丽·诺埃尔）（1883—1967 年）

诗人、短篇小说家、剧作家

Noël, Marie

（玛丽·诺埃尔）（1883—1967 年）

诗人、短篇小说家、剧作家

　　玛丽·诺埃尔出生于欧塞尔一个颇有教养的家庭。父亲是位哲学教师。玛丽·诺埃尔是其笔名，她的本名为玛丽·鲁热。1904 年，发生了她生命中两次重大事故：一个弟弟不幸夭折；心仪的男人拒绝并离开了她。这对她今后的创作不无影响。她一直单身，而且很少离开家乡。在回忆录《黎明及对美好五月的回忆》（*Petit – jour et souvenirs du beau mai*）中，她讲述了自己的童年时光。她的主要作品包括诗集：《歌谣与时间》（*Les Chansons et les Heures*, 1921）、《仁慈之歌》（*Les Chants de la Merci*, 1930）、《欢乐的玫瑰经》（*Le Rosaire des joies*, 1930）、《狂野之歌》（*Chants sauvages*, 1936）、《歌与秋日的圣诗》（*Chants et psaumes d' automne*, 1947）、《诗作》（*L' Œuvre poétique*, 1956）、《暮秋之歌》（*Chants d' arrière saison*, 1961），短篇小说：《受难的心》（*L' Âme en peine*, 1954）、《圣诞之旅》（*Le Voyage de Noël*, 1962）、《短篇小说集》（*Contes*, 1977）及剧作《唐璜的判决》（*Le Jugement de Don Juan*, 1955）、《笔记》（*Notes intimes*, 1959）等。诺埃尔于 1962 年获得法兰西学院诗歌大奖。

　　后人对玛丽·诺埃尔的评价褒贬不一，有人标榜她是当时法国最伟大的诗人，也有人说她是"乡野诗人和基督教诗人"，以影射她的土气和对宗教的虔诚。然而，诺埃尔的诗作正如她为自己所选的笔名一样具有双面性:"Marie 代表了我那苦涩的、人皆有死的根本, Noël 则表明了我所拥有的奇迹和欢乐之花。"她的第一部诗集《歌谣与时间》以抒情、柔美而又感伤的语调唱出了一个灰姑娘对白马王子的等待和对家庭的渴望。诗中,诺埃尔用朴实的语言、生动的形象描绘了勃艮第地区的自然美景、花香鸟语和季节的更替,足见其对生养自己的这片土地的热爱。然而,诗中也隐隐约约流露出一种焦虑,那是作者对爱情既渴望又惧怕的心理写照。那些受宗教故事或仪式启发、且从题目看来非常祥和愉快的诗歌,如《仁慈之歌》和《欢乐的玫瑰经》等,实际上却是一首首痛苦之歌,是对苦难人生的悲叹。这种对爱情对人生的怀疑及失望之情在《歌与秋日的圣诗》中更为明显。

玛丽·诺埃尔创作的独特之处在于她将乡村歌曲的轻快节奏和韵律与伤感沉重的主题内容灵活地加以结合,给人以强烈的震撼。只是,那些充满乐感的美妙诗句却是作者对寂寞孤独的诅咒和对渴望爱情无果的哀怨。

(陈静　编译)

Oldenbourg, Zoé

(佐伊·奥尔当布尔)(1916 —2002 年)

小说家

Oldenbourg, Zoé
(佐伊·奥尔当布尔)(1916 —2002 年)

小说家

　　佐伊·奥尔当布尔出生于俄罗斯圣彼得堡,父亲塞尔日·奥尔当布尔(Serge Oldenbourg)是一名记者和历史学家,母亲阿达·斯大林科维奇(Ada Starynkevitch)是一名数学家。佐伊·奥尔当布尔是二人的长女。她的祖父是俄罗斯科学院的终生秘书。1925 年,奥尔当布尔一家举家移民至法国巴黎,在那里吃尽了苦头。佐伊去了索邦大学学习文学和历史;1938年佐伊去英国学习了一年的神学;从 1940 至 1946 年,她一直从事绘画和丝织品装饰的工作,期间她笔耕不辍。问起对她影响最大的作家,她列举了普希金、托尔斯泰、陀思妥耶夫斯基、巴尔扎克、狄更斯、艾米丽·勃朗特、塔西佗,而最为重要的一位则是莎士比亚。1946 年,她的处女作《泥土》(Argile)问世。第二部小说《有棱有角的石头》(La Pierre angulaire)获得了费米娜文学大奖。1961 年,她成为了费米娜文学奖评审委员会的成员。

　　佐伊从 12 岁时开始写作,此后便从未搁笔。在《一张自画像中的表情》(Visages d'un autoportrait)中她提到,写作对于她来说是"与生俱来的、骨子里带着的天赋"。她的作品不仅包括小说,还包括史书、散文、传记和自传等。刚开始为人们所熟知是因为她写的历史小说,这在当时是一种比较边缘化的文体,但是佐伊努力给予它在文学界中应有的地位。在《小说与历史》(Le Roman et l'Histoire)一书中,她表示自己想"建立一种看待世界的角度,从这个角度看去,人类被象征性地简化,但是在无边的历史长河中,人类又是值得赞颂的"。她博学多才,利用自己雄厚的知识储备构建了一幅全人类的生动壁画,期间不乏一些英雄人物。这些人物的灵魂都是深深扎根于那个时代,他们从自己所处的时代中汲取养分。在一些作品如《十字军》(*Les Croisades*)、《穷人的欢乐》(*La Joie des pauvres*)、《泥土和灰烬》(*Argile et cendres*)和《有棱有角的石头》中,佐伊提出的关于宗教神学的一些问题,在中世纪的历史中可以找到答案。

佐伊笔下的女性形象都非常具有代表性,她们都被赋予了一种精神上的能量。佐伊自始至终宣称自己是一名女权主义者,"我从童年起,就不知不觉地认定了女性比男性优越这个事实"。单从语言文字上看,佐伊的纯人文类作品局限于传统小说写作的范畴内,虽语言可读性强,但并不出彩。

(张逸琛　编译)

P

Pagniez, Yvonne

（依芙娜·帕涅兹）(1896—1981 年)

小说家、记者

Pagniez，Yvonne

（依芙娜·帕涅兹）（1896—1981 年）

小说家、记者

　　依芙娜 1896 年出生于法国北部小城克鲁瓦尔，她的童年十分平淡。她曾学习哲学；第一次世界大战期间，依芙娜成为了一名护士，并开始写作。1935 年发表了《韦桑岛》（*Ouessant*，1935），1939 年发表了《高艾蒙的捕鱼人》（*Pêcheurs de goémon*，1939），这两部小说的故事都发生在她经常居住的菲尼斯泰尔省。第二次世界大战是她生命的转折点，依芙娜参加了抵抗运动。1944 年 6 月，她不幸被捕，并被押送至拉文斯布吕克集中营，后被移送至托尔高。依芙娜侥幸逃脱并冒着严寒徒步穿越纳粹德国，那时她已经48 岁了。藏在废墟中的柏林长达一个月后，依芙娜决心逃离德国，但在最后关头她在博登湖被捕，并就地关押，后被押送至施瓦本格明德监狱，最后被美国军队在 1945 年解救。第二次世界大战结束后她被授予少尉军衔，并获得多项荣誉，包括外籍军团骑十、战争十字勋章及抵抗运动勋章等。戴高乐也曾对她赞赏有加。依芙娜将这段时间的经历写成了三本书《苦役生活的场景》（*Scènes de la vie du bagne*，1947）、《越狱 44》（*Évasion* 44，1949）和《他们在死人中复活》（*Ils ressusciteront d' entre les morts*，1949）。其中《越狱 44》获得了法兰西学院小说大奖。

　　《越狱 44》讲述了依芙娜在 1944 年被捕后逃离集中营的故事。依芙娜计划在被从拉文斯布吕克集中营押送至托尔高的途中逃跑，并为之做积极的准备。最终,她成功逃脱了盖世太保的魔掌,回到了法国。1953 年,依芙娜根据自己在越南、老挝和柬埔寨的经历创作了《印度支那的法国人》(*Français d' Indochine*, 1953)一书。在该书中,她描绘了多场战役和走向末日的殖民社会。在《国家的诞生:越南见闻》(*Naissance d' une nation : choses vues au Vietnam*, 1954)一书中,她表达了希望建立一个与法国结盟但脱离共产主义的越南主权国家的意愿。

依芙娜曾被《西部法国》所有人弗朗索瓦·瑞吉·宇坦称为不可征服的女人。依芙娜关于战争的作品表现了她英勇无畏、沉着冷静、坚强善良的品质。在书中,她向人们呈现了人类的苦难、悲伤和绝望,同时也给人们传递了勇气和信念。

(文晓荷 编译)

Pireyre, Emmanuelle

(艾玛努尔·皮瑞尔)(1969 年—)

小说家、诗人

Pireyre, Emmanuelle

(艾玛努尔·皮瑞尔)(1969 年—)

小说家、诗人

艾玛努尔·皮瑞尔 1969 年出生于克莱蒙费朗,她从小就酷爱阅读,并在学习了商贸和哲学后,于 1995 年起开始写作,并在一些文学和诗歌杂志上发表文章。2000 年,她发表了第一部小说《冻结和解冻,和其他应用于情况的治疗》(*Congélations et décongélations, et autres traitements appliqués aux circonstances*, 2000)。2006 年,艾玛努尔发表了《怎样让地球消失?》(*Comment faire disparaître la terre?*, 2006)一书,她想借该书探讨比毁灭问题更积极的事情。艾玛努尔的第四部小说《一般仙境》(*Féerie générale*, 2012)获美第西斯文学奖。

在《一般仙境》一书中,艾玛努尔向人们呈现了她眼中的当代世界。在这个世界里,有生物房屋、黑客、长着长牙且受噩梦困扰的金融家、废除兵役后荒废的营房及永远机灵和有创造性的孙女……这本书就像一张欧洲意识 X 片。在这张 X 片上,现实与虚幻相混合。与传统的叙述不一样的是,作者采用了多种叙述形式,其中有报刊文章、短信、微笑表情、电子邮件、注释、引用、对话片段、歌曲的副歌,等等。这本书包含七个小故事,表达了对无处不在的社会网络的活泼的讽刺,并滑稽地描述了企业管理方针。这本小说体现了文学的创造性,语言充满了幽默。美第西斯文学奖评委帕特里克·格瑞维尔在对作者颁奖时特别强调了其"精神的活力"。

因为艾玛努尔最初是进行诗歌创作的,所以她认为自己是在创造一些不使她个人恐惧的形式。艾玛努尔的作品多采用一种马赛克似的模式。她写下多部无线电式小说,并运用了多种表现形式。艾玛努尔具有一种将各种情形、文字和观念聚拢在一起的能力,这在常人是完全无法设想的。

（文晓荷　编译）

Prou，Suzanne

（苏珊·普鲁）（1920—1995 年）

小说家

Prou, Suzanne

（苏珊·普鲁）（1920—1995 年）

小说家

　　苏珊·普鲁 1920 年出生于法国瓦尔省的格里莫市,对写作有着强烈的爱好,6 岁起便开始写作。第二次世界大战期间,她在埃克斯文学院学习,酷爱福楼拜、普鲁斯特、杜拉斯、伍尔夫等作家的作品。战争结束后,她结婚并迁居到巴黎。苏珊·普鲁是一位大器晚成的作家。1966 年,46 岁的苏珊·普鲁出版了第一部小说《幻想伪君子》(*Les Patapharis*),之后便一发而不可收。1972 年,她的第五部小说《恶鸟》(*Méchamment les oiseaux*)荣获卡兹奖,另一部小说《贝尔纳迪尼家的阳台》(*La Terrasse des Bernardini*)则荣获 1973 年勒诺多文学奖。苏珊·普鲁同时创作一些儿童读物,如《埃瑞卡和格若农王子》(*Erika et le Prince Grognon*)及《卡若琳娜和大人们》(*Caroline et les grandes personnes*)等。1981 年,苏珊·普鲁当选费米娜文学奖评选委员会委员。苏珊·普鲁最受欢迎的小说是《小东京人》(*La Petite Tonkinoise*,1987)和《贤德的小姐》(*La Demoiselle de grande vertu*,1990)。1995 年出版的《家庭纪念册》(*L' Album de famille*)则是苏珊·普鲁的最后一部小说。

　　苏珊·普鲁的小说大部分与其故乡普罗旺斯有关。然而,平静而舒适的外省日常生活总会遭受外来事物的侵扰。面对新的近乎有些疯狂的、不合理性的现实,人们的不适感陡增。小说情节看似很有逻辑,但其结局却是模棱两可的,各种假设均有可能。小说多用疑问语气,且主人公多为女性。因为在她看来,女性比男性更强大、更富想象力、也更有意思。《乌木树下的小姐们》(*Les Demoiselles sous les ébéniers*,1967)酷似一部侦探小说,对住在奥德佳膳宿公寓的"老姑娘"萨维莉小姐的生活真相进行了调查。萨维莉是那么担心自己被当做囚徒,最后竟被漂亮的女经理索朗日勾搭上了。而这个索朗日与年轻的小玉也有一腿。膳宿公寓竟是这样一个秘密的欲望场所。而在《艾德梅的镜子》(*Miroirs d' Edmée*,1976)中,主人公艾德梅对人们强加给她的社会角色曾经产生过怀疑,但她却自甘堕落,最后变疯了。《贝尔纳迪尼家的阳台》则讲述了一群女人的故事。村子里的老女人们在贝尔纳迪尼家那宽敞豪华的阳台上聊着曾经的爱恨情仇,过着与世无争、行尸走肉的生活,与此同时,小资产阶级女人劳拉却在这一现实与梦想、过去与现在的强烈冲突中渴望成为贝尔纳迪尼家那豪华宅子的女主人。

苏珊·普鲁的作品多为中篇心理小说,作者避免对故事中的一切做任何评价,与故事人物保持着适当距离。她的笔锋大胆而温和,有时近乎讽刺。在人物日常的对话和活动的表象下,掩盖着暴力和性欲。作者更多的是在暗示而非分析书中人物行为的动机,目的是想让读者自己去得出结论。她的作品语言典雅、简洁而犀利,常被与莫利亚克的作品相媲美。后者同样擅长刻画外省资产阶级的生活。在那日常生活平庸的外表下,是另一个无序与充满悲剧的世界。

(陈静　编译)

R

Rochefort, Christiane

（克里斯蒂安娜·罗什福）(1917—1998 年)

小说家

Rochefort, Christiane
(克里斯蒂安娜·罗什福)(1917—1998 年)

小说家

　　克里斯蒂安娜·罗什福是当代女性主义作家中最接地气的一位,她出生于巴黎一个普通街区。虽然幼时家里生活条件一般,她却走出了一条丰富多彩的人生之路。她的兴趣广泛,从舞蹈、音乐到心理学、人种学等都有所涉猎。她曾在新闻部工作过,并当过多年的戛纳电影节记者,后又在巴黎电影资料馆工作。她的第一部作品《战士之眠》(*Repos du guerrier*)发表于 1958 年,引起了轰动。大西洋彼岸的读者将她看做是法国最棒的幽默作家。她精力旺盛,经常往返于大西洋两岸。加拿大魁北克和美国等新兴之地在这位空想主义者和讽刺作家眼里既是天堂,也是地狱。她的主要作品有《世纪的儿孙们》(*Les Petits Enfants du siècle*,1961)、《写给索菲的诗》(*Les Stances à Sophie*,1963)、《给莫里森的一支玫瑰》(*Une Rose pour Morrison*,1966)、《停车场的春天》(*Printemps au parking*,1969)、《奇怪的写作》(*C'est bizarre l'écriture*,1970)、《阿尔考或亮闪闪的花园》(*Archaos ou le jardin étincelant*,1972)、《世界就像两匹马》(*Le Monde est comme deux cheveaux*,1984)及《深处的门》(*La Porte du fond*,1988)等。其中,《深处的门》为她摘得了当年的美第西斯奖。

　　克里斯蒂安娜·罗什福是众多女作家中最离经叛道的一个。自 1966年发表《给莫里森的一支玫瑰》起,她便竭尽讽刺之能事,再加上其自由驰骋的想象力,使其作品在女性作家作品中独树一帜。其最初的几部小说如《战士之眠》及《世纪的儿孙们》倾向于对微不足道之事进行心理分析或以巴黎地区的社会现实为背景进行社会分析。其他一些作品则更多涉及同性恋问题,如《停车场的春天》、《当你来女人家》(*Quand tu vas chez les femmes*,1982)及《写给索菲的诗》等。作者借此继续对空想政治社会中具有独特形式的社会制度(婚姻、家庭生活及消费社会实质)提出质疑。对各种文学运动无动于衷的克里斯蒂安娜·罗什福对现代写作有着自己独到的看法。在《奇怪的写作》中,她坦承自己是用一种自发的和游戏式的方式写作的。她既不相信福楼拜的那种字斟句酌的推敲方式,也不欣赏那种对结构进行过分雕琢的写作方式。她在作品中大量使用行话、市井俚语和日常用语。日常对话、文字游戏及街头俗语形成了其作品的独特风格。克里斯蒂安娜·罗什福作品的另一特色则是其预言性。《写给索菲的诗》一书对资产阶级妇女抛弃传统观念的解放模式作出了预言;《给莫里森的一支玫瑰》所讲述的故事则为现代社会勾勒了一幅预言式漫画,同时又像是法国1968年运动的一场预演。而《阿尔考或亮闪闪的花园》则是克里斯蒂安娜·罗什福最疯狂最具拉伯雷嘲讽风范的作品,同时也是最令人叹为观止的。该作品绝对是一本无政府主义的辩护书。作者认为,性别角色之分是所有因性别造成的不公正之根源,雌雄同体即无性别化可以很好地消除人们之间的隔阂,一旦可以无节制地满足欲望,幸福也就随之而来了。

克里斯蒂安娜·罗什福围绕女性话题的幽默描写令人着迷,但她的那些充满空想意味的作品却并不足以为世人提供一套管理社会的政治策略。再说,这一点对一位艺术家来说要求也未免太高了。

(陈静　编译)

Rolin, Dominique

（多米尼克·罗兰）（1913—2012 年）

法国—比利时双国籍小说家

Rolin，Dominique

（多米尼克·罗兰）（1913—2012 年）

法国—比利时双国籍小说家

多米尼克·罗兰出生于比利时布鲁塞尔，从小就对文学和绘画产生了浓厚的兴趣，并且终生对这两项艺术乐此不疲。1941 年，罗兰发表了《沼泽地》(*Les Marais*)。这部小说风格奇特，内中充满个人观点，为时人所惊异。1946 年，罗兰定居于法国巴黎，但是她的作品却一直在描写"另一个国度"，即充满她童年回忆的比利时。1952 年，罗兰凭借作品《气息》(*Le Souffle*)夺得费米娜文学大奖。罗兰本可成为该奖项评审委员会中的一员，但是她毅然放弃了这一荣誉，选择跟随着自己的创作灵感继续写作。罗兰一生著有 20 多部作品，大致可以分为三个时期。这三个创作时期彼此衔接连贯，无一丝断裂的痕迹。究其原因，是因为作者从创作第一部作品开始，就始终忠于自己内心的声音。

多米尼克·罗兰第一时期的小说创作属于传统流派，以心理描写见长，虽然有一些特别的点缀，但整体文风具有古典特色。死亡是萦绕作者心头、挥之不去的主题。《气息》与《沼泽地》两部作品，脉络大致相同，描写的家庭大致相同，书中每个人都对自己的生活充满了幻想，但命运已经为他们安排好了一切，包括生死、苦痛和欢乐。第二个时期的开始，以《床》(*Le Lit*,1960)的发表为标志。该作品创作于新小说盛行的时期。罗兰执著于对事物另一面的探索，文笔、思路清晰，观点鲜明。《家，森林》(*La*

Maison, *la forêt*, 1965）标志着罗兰创作风格的又一次转变，第二个时期的那种自由不受拘束的写作蜕变成一种更加精细的抒情写作，而现实主义的描写也升华为充满诗意的文字。

多米尼克·罗兰从未停止探索潜意识甚至无意识状态下的思想。她想表达的意思没有直接的文字，却经常在字里行间慢慢地渗透出来。罗兰想通过自己的文字向读者证实，她这种近乎疯狂的、对于无意识状态的追寻并不是无意义的。在她的所有作品中，她对自我的认识一直在不断地加深，她从未停止更新她对于时间与空间、存在与虚无的思考。

（张逸琛　编译）

Roy, Gabrielle

（加布里耶尔·萝伊）（1909—1983 年）

法国—加拿大双国籍小说家

Roy , Gabrielle

(加布里耶尔·萝伊)(1909—1983 年)

法国—加拿大双国籍小说家

　　加布里耶尔·萝伊是加拿大勋章获得者,加拿大皇家学会会员,加拿大著名法语作家。她的祖籍是加拿大魁北克,早先她的家庭是加拿大曼尼托巴省的移民(该省为英语区,但西边毗邻法语区)。加布里耶尔出生在加拿大南部一个叫圣博尼法斯的城市,此地已于 1995 年以她的名义创办了一个国际研讨会。中学毕业以后,萝伊升入温尼派克师范学校读书。1929年师范学校毕业后,她当了一名乡村教师,与此同时她开始对戏剧产生了浓厚的兴趣。1939 年,她远渡重洋来到法国和英国,为当地多家杂志社撰稿。第二次世界大战爆发之后,她回到加拿大,住在蒙特利尔,生活拮据,依靠写稿子和给别人画肖像谋生。1945 年,她的《二手的幸福》(*Bonheur d'occasion*)为她赢得了法国费米娜文学大奖,后来又赢得了 1947 年的加拿大总督奖和加拿大皇家学会的洛尔尼·皮埃尔斯奖(Lorne Pierce)。她的其他 15 部作品也分别获得了加拿大艺术理事会文学奖、魁北克省大卫文学奖等奖项;她还被马克·吐温协会授予骑士勋章。1947 年,萝伊与医生马尔塞尔·卡波特结婚,婚后定居于加拿大魁北克夏洛瓦。虽然她一生中有 40 多年都居住在魁北克,可是人们还是普遍认为她是加拿大籍法国人,而不是魁北克人。从 1945 年到 1983 年间,她总共创作了 16 部作品,包括长篇小说、短篇小说集、戏剧、散文、写给青少年的读物,以及一部自传。除《神秘之山》(*La Montagne secrète*, 1961)、《亚历山大·舍尼维尔》(*Alexandre Chenevert*, 1954)和几部短篇小说之外,她的其他小说的故事构架都是围绕女性形象展开的,并且把描写的重点放在了母女关系和母子关系上。

萝伊创作《二手的幸福》的灵感来源于她在蒙特利尔生活时的所见所感,那时她在蒙特利尔的富人聚集区维斯特芒特(Westmount)租房子住。一天散步时,她漫不经心地沿着格林大街(Greene)从山上走下来,来到了与维斯特芒特区一街之隔的、蒙特利尔贫困区之一的圣亨利(St. Henri)。当她看到那里下层劳动人民的生活情景时,"两个世界两重天"的强烈反差打动了她。她决定深入了解圣亨利区下层劳动人民的生活,以此为背景写出一部作品来,于是便诞生了《二手的幸福》一书。书中描写了第二次世界大战期间蒙特利尔的一个处于社会最底层的贫苦家庭,主角是家中的母亲萝·安娜萨和大女儿弗萝朗汀,这二人具有鲜明的代表意义,她们的故事也是当时全体女性生命轨迹的缩影。母亲义无反顾地挑起了家庭的重担,生儿育女,操持家务,被沉重的家务压得喘不过气来。大女儿曾经反抗过,然而正当她斗志昂扬试图挣脱枷锁不重蹈母亲的覆辙时,一次意外的怀孕将一切都打乱了;她不得不放弃抗争,最终还是听由家人包办了自己的婚姻。这部小说堪称一部现实主义的杰作,是加拿大文学界最早描写城市生活的小说之一。有评论指出,此书唤起了劳动人民的觉醒。《二手的幸福》中的所有男性形象,无论是丈夫、儿子还是情人,在萝伊笔下都显得懦弱、空洞、游移不定。《亚历山大·舍尼维尔》也与此相类似,里面的女性形象,包括亚历山大的女儿,都是无能的男性手下的牺牲品。她们周围环绕着资质平庸、碌碌无为的男性。她们不被理解,孤立无援。

萝伊的作品虽然都是用法语写就,但一经面世便会被第一时间译成英文,因为她的作品中所表达的内容已经打破了国别的界限。她的写作视角不仅立足于加拿大本土,而且立足于全世界。她关注各个民族的多样性、独立性和完整性。她小说中的故事背景既包括满眼苦痛、贫穷得令人窒息的城市,又包括原生态的、充满希望和乐观精神的乡村。萝伊对大自然怀有强烈的敬畏和爱意,她笔下的乡村、牲畜,都是明媚而充满生机的(如《这个夏天会唱歌》,Cet été qui chantait),且笔调充满温情,又不失幽默。另外,由于早年做过记者,她前期的写作风格比较中立、客观,鲜见个人情感的抒发(如《转手的幸福》和《亚历山大·舍尼维尔》)。之后,渐渐地,个人的抒情性描写越来越多(如《神秘之山》及《小水鸡》,La Petite Poule d'Eau,1950)。在一些短篇小说集中,她的笔触也越来越细腻,越来越轻松幽默。

(张逸琛　编译)

S

Shan, Sa

(山飒)(1972 年—)

法籍华裔作家

Shan, Sa
（山飒）（1972 年—）

法籍华裔作家

山飒出生于北京，在一个传统文人家庭中长大。她在 7 岁时就开始写诗并发表，同时开始学习书法和国画。她的第一部诗集在 10 岁时发表，并且得到当时杰出的中国作家如艾青、刘心武、严文井等人的嘉许。山飒在 14 岁的时候成为北京作家协会最年轻的成员。1990 年山飒离开北京，到巴黎继续学业。在巴黎的一所大学学习法国哲学的同时，她还在卢浮宫学院学习历史。她对艺术的热爱使她遍游欧洲博物馆。

1994 年，山飒在瑞士遇到了画家巴尔蒂斯及其日本妻子，成为他们的助手。在这两年时间，她写出了自己的第一部法语小说。1997 年，她将这部小说《天安门》（*Porte de la Paix céleste*，1997）发表，获得了龚古尔处女作奖。之后出版的长篇小说《柳的四生》（*Les Quatre Vies du Saule*，1999）荣膺卡兹奖。《围棋少女》（*La Joueuse de go*，2001）一书则摘取了高中生龚古尔文学奖，在法国发行量超过 50 万册，并被译成了 32 种文字。该书描写了 1930 年日本占领东三省时，一位中国少女和一名日本军官之间的爱恨情仇。《女皇》（*Impératrice*，2003）一书讲述了有关武则天的故事，也大获成功，并被译成了 20 多种文字。山飒于 2009 年荣获法国文化艺术骑士勋位。2011 年，山飒荣获法国荣誉军团骑士勋位。

山飒能成为著名旅法作家，是水到渠成的，因为她从小就开始不断积累。文学评论家李敬泽说:"山飒是少见的文学准备那么充分的人。"法国总统希拉克也曾亲笔给山飒写信,赞誉山飒深刻而丰富的作品让她自己深受感动。迄今为止,山飒所有的作品都与中国有关。"每一句法文,都要融入中国意境",这就是她的追求所在。山飒评价自己的作品时说,法国人常认为她是用一种古法语写作,有一种古典的美,一种东方的美。法国人也许会在她的作品中找到一些错误的用词,但这些用词却成了她的作品的魅力之处。虽然看得出这是异国人的写作,但却表现出了中国人的艺术意蕴,能够让他们的法语焕然一新。外来作家诸如山飒,用自己的语言,给了法国文学一个新的启发。

（文晓荷　编译）

Sagan, Françoise

（弗朗索瓦斯·萨冈）(1935—2004 年)

小说家、剧作家

Sagan, Françoise
(弗朗索瓦斯·萨冈)(1935—2004 年)

小说家、剧作家

　　弗朗索瓦斯·萨冈,原名弗朗索瓦斯·夸雷,1935 年出生于洛特省卡雅克一个资产阶级家庭。她在巴黎和里昂度过了幼年时代,9 岁时回到巴黎,在教会学校接受教育。1952 年,通过中学会考,进入巴黎索邦大学学习,一年后离开。在母亲的敦促下,她开始创作,用 7 个礼拜写出了《你好,忧伤》(*Bonjour Tristesse*)一书,笔名取自普鲁斯特的作品。该书发表于 1954 年,大获成功,并畅销海内外。18 岁的萨冈不仅摘得了批评家大奖的桂冠,还缔造了"萨冈神话",成为万人瞩目的明星。之后,她还创作了多部小说和剧作,均受到大众的欢迎,主要有:《某种微笑》(*Un Certain Sourire*, 1956)、《你喜欢勃拉姆斯吗》(*Aimez – vous Brahms?* 1959)、《瑞典城堡》(*Château en Suède*, 1960)、《彩云》(*Les Merveilleux Nuages*, 1961)、《化了妆的女人》(*La Femme fardée*, 1981)及《我最美好的回忆》(*Avec mon meilleur souvenir*)等。

　　萨冈的作品刻画了某种现代性:一个不负责任的、慵懒的、无时不在渴望快乐的世界的现代性。她的所有作品几乎都在讲述同一个主题,那就是孤独,那种连爱情都无法治愈的孤独。"我所感兴趣的是人们与孤独和爱情的关系",萨冈曾多次这样表示过。她笔下主要有两类人物,且多是程式化的:一类是无所事事、疲惫不堪的少女;另一类是不抱幻想、没有理想的女人。这些女性身边虽然不乏有钱的男人,但他们往往都只是些陪衬,丝毫改变不了她们孤独的悲剧。她们既不要丈夫,也不要家庭、工作和孩子,她们唯一想要的就是享乐的自由。在其第二部小说《某种微笑》中,多米尼克爱上了一个有妇之夫,此人还是她男朋友的舅舅。这是一场婚外恋,其中有舍弃、有安逸,也有孤独和通奸。女主人公过着一种病态的惰性生活,并坦言:"我从未决定过什么,我总是在被选择。"该书吸引读者的是萨冈对夫妻之间无聊日子的细致描绘及对男女关系和感情的简洁自然的刻画。

萨冈的笔触清新自然,简洁明了,且擅长对日常琐事做精确描绘。她的文风自成一体,略带伤感,但又不乏幽默。她的作品自始至终都在表现一种被她称为"人性的东西"。

(陈静　编译)

Sallenave , Danièle

(丹尼尔·萨勒那芙) (1940 年—)

小说家

Sallenave , Danièle
(丹尼尔·萨勒那芙) (1940 年—)

小说家

丹尼尔· 萨勒那芙 1940 年出生于法国昂热,毕业于师范类院校文学专业。丹尼尔现于巴黎教授十大表现形式 (摄影、戏剧、电影等),担任《欧洲信使》杂志主编并执掌伽利玛出版社丛书部。1980 年,因其作品《古比奥之门》(*Les Portes de Gubbio*,1980) 获勒诺多文学奖。

丹尼尔于 20 世纪 70 年代创立了艺术美学杂志《二合字母》,并发表了一些关于符号学的文章,之后开始了小说《有人物的废墟之景》(*Paysages de ruines avec personnages*,1975) 的创作。这是一篇纯描写性的作品,叙述的中心是时间和记忆。在一种强迫而又不可言状的情况下,影像不断累积。为了遵从一种特有的原动力,作品中传统的句法和标点被打乱。在《古比奥之门》一书中,丹尼尔提出了艺术和艺术家的问题。这本具有象征意义的书深受音乐影响,书中的生命相互交错,依次诞生又寻求融合。在一个东部城市,一个走向没落的音乐家想重寻艾德功·卡艾尔内的足迹。艾德功是一个在疯狂中死去的音乐家,这显然是作者受舒曼启发而创造的人物。作者用镜子戏法推进整本书的发展,采用了包含报刊文章、信件、采访、评注、引文和纯叙述等多种形式,从而增强了小说的综合效果。在此书中,丹尼尔采用了宽广而又灵活并能凸显自己写作意图的散文形式。在这篇用语讲究的作品中,关于音乐的篇章让人记忆深刻。她在 1983 年发表的包含 11 篇故事的文集《寒冷的春天》(*Un Printemps froid*, 1983)被《世界报》(1986 年 3 月)称赞为 10 年来最好的短片小说集。书中,作者用清晰而简洁的文笔,以审慎的口吻讲述了一个个以失败、孤独、嘲讽为韵律的普通故事,让读者身临其境地感受了一只老狗的死亡、一位画家的江郎才尽和对一场不可能的造访的期待。这种透明的笔法和有关幻想破灭的滑稽故事让人想起契科夫的作品。

　　丹尼尔是她那一代最具代表性的作家之一。常年的语言工作将她带向了多样化的道路,并使她不遗余力地围捕无尽运动的现实。从理论研究走来,向文学创作风发走去。至于其写作的目的,则可借用其书中人物的一段话来概括:"我不是任何故事的源头,而是故事的合流处;我没有说话,而是让他人说话。"

(文晓荷　编译)

Sarraute,Nathalie

（娜塔莉·萨洛特）(1900—1999 年)

小说家

Sarraute，Nathalie
（娜塔莉·萨洛特）（1900—1999 年）

小说家

娜塔莉·萨洛特于 1900 年生于俄国一个犹太家庭，其父母均为知识分子，且都对政治感兴趣。在她 2 岁时，父母离婚了，但商定一起分担对孩子的抚养，这使得她从小就不停地旅行。她在牛津和柏林完成学业，获得英语学士学位，并学习了历史和社会学；后又取得法学学士学位，并在法律界工作了近 12 个年头。她于 1925 年结婚，婚后育有 3 个女儿。从 20 世纪 30 年代起，萨洛特开始了写作生涯，并于 1939 年发表了她那部著名的小说《向性》（*Tropismes*），只是该书的出版实属不易。第二部著名小说《一个陌生人的肖像》（*Portrait d' un inconnu*）早在 1946 年便已杀青，但最初也遭到了出版方的拒绝。到 1957 年再版时，该书已配上了由让·保罗·萨特执笔的序言。论文集《怀疑的时代》（*L' ÈEre du soupçon*，1956）的发表则使娜塔莉·萨洛特与阿兰·罗伯·格里耶一起成为新小说的发言人。她的其他重要作品还包括《天象仪》（*Le Planétarium*，1959）、《金果》（*Les Fruits d' or*，1963）、《在生死之间》（*Entre la vie et la mort*，1968）、《你们听到了吗?》（*Vous les entendez?*，1972）、自传《童年》（*Enfance*，1983）及剧本《很美》（*C' est beau*，1975）、《她在》（*Elle est là*，1977）等。其中，《金果》一书为她赢得了 1964 年国际文学大奖。

娜塔莉·萨洛特从未承认自己是新小说的开创者，而只是承认自己受到了"一个固有想法"的驱使。这一想法的名义便是"生命"。而这与新小说的理论是背道而驰的。萨特在谈到娜塔莉·萨洛特时曾说过，她的写作方式是"粉末状"的，她并非不愿对眼前这个分崩离析的世界负责，而只是采取了一种不被接受的行动；一本女人的书，便是拒绝承担男人行为之后果的书。而娜塔莉·萨洛特本人却不认为作家的性别在写作中会起决定性作用。然而，对其作品进行女性问题的研究也是无可厚非的。如在"微观的"或"心理底部的"方面，也即萨洛特最为著名的"潜对话"层面上，可以对对诂者的性别进行一番辨别（因为其小说中是没有人物的）。每个无名的"他"都在监视、评价、偷窥或伤害一个不知名的"她"，而每个"她"也都拥有看、听、说、痛苦和暴虐的能力，这一区分是轻而易举的。在《金果》中，"向性"之存在是不分性别的。"她"回到"他"那里，目的是澄清一句在之前的某次谈话中产生了误解的话。"她"对自己产生了幻想，认为自己发疯发狂了，因为"她"认为"他"就是这么想象的。"她"将自己下意识地变成了"所有女人都是疯子"这一套话的牺牲品。而"他"也很快受到某些"向性"的驱使，将自己想象成是堕落的和无能的，因为"他"认为"她"将站在诋毁他的那群人一边。娜塔莉·萨洛特用一生成功地把握到的"生命"因而竟是那些尚未表达出来的、处于不确定状态的、转瞬即逝的心理活动的生命。这一"生命"在不断地摇摆中前进，这就解释了为何对照法在其作品中比比皆是。她用"干涩而灰暗"的词汇描绘了人内心的那片波澜壮阔的冲动之海及其杂乱无序的情感之波。如果非要在其作品中找到一个有关女性的信息的话，那就是平等而非差异。那些"她"虽然有着各自的社会文化背景，但在本质上却是相同的。谈到叙述对象，萨洛特曾说："只有当什么都没有发生的时候，我才会想知道究竟发生了什么"，于是，一幅画、一把椅子、一本书、一个雕像，便成了主角，虽然它们看上去没有多大意义。她还说："我的句子有时并不完全合乎语法，它们经常并不完整，还带着悬念，甚至被切割成了好几块。"这说明萨洛特的作品是女性的，因为她强调主体间交流的可能性，对女人为何不能像男人那样写作深感不解。她的作品还是诗意的,因为她探索有关生命、话语及话语的生命等问题。

娜塔莉·萨洛特在写作时从不给出结论,篇末也不标句号。这是这位讽刺大师对人的内心冲动之永无休止的生命状态所做的最好注解。

(陈静　编译)

Thomas, Chantal

（尚达尔·托马斯）(1945 年—)

随笔作家、小说家、戏剧家、大学教师

Thomas，Chantal

（尚达尔·托马斯）（1945 年—）

随笔作家、小说家、戏剧家、大学教师

　　尚达尔·托马斯大学所学专业为哲学，是研究萨德、卡萨诺瓦、玛丽·安托瓦内特的专家，常撰写关于他们的短文。她尤其了解 18 世纪的历史，这个时期不断触发她的灵感和联想，让她写出了一系列著作，如《永别了我的王后》（ *Les Adieux à la Reine* , 2002）。该书获得了当年的费米娜文学奖。对当代世界同样充满热情的尚达尔也写过关于该主题的作品，包括《托马斯·贝尔纳》（ *Thomas Bernhard* , 1990）、《打破沉默者》（ *Le Briseur de silence* , 1990）和《怎样支持他的自由》（ *Comment supporter sa liberté* , 1998）等。2004 年，她的小说《浮岛》（ *L' Île flottante* ）由阿尔弗雷多·阿里亚斯（Alfredo Arias）改编成戏剧，并于 2008 年春天在夏优剧场（Théâtre de Chaillot）上演。她还写过一部自传作品，名为《记忆咖啡厅》（ *Cafés de la mémoire* , 2008）。2014 年，她的另一部历史题材的作品《自由的空气——18 世纪精神的变奏曲》（ *Un air de liberté. Variations sur l' esprit du XVIIIe siècle* , 2014）问世。托马斯曾在美国以及法国的多所大学执教，主要是在耶鲁大学和普林斯顿大学，现任法国国家科学研究中心校长。她同时还是《世界报》的编辑和"法国之声"（Radio France）的制作人，玛格丽特·杜拉斯奖组委会的荣誉会长之一，以及法国艺术及文学勋章（l' ordre des Arts et des Lettres）的获得者。2014 年，她因其所有历史作品而荣获文人协会文学大奖。

　　1998 年,通过作品《怎样支持他的自由》,托马斯独创了一种"间接传记"模式,将对阅读的印象、选段的分析、记忆和个人的经历片段混在了一起,以呈现它们之间丰富的相互作用。她很喜爱这种形式,认为这种形式与观察和经历相关,可与事件保持距离。因为对独立怀有一种巨大的恐惧,托马斯通常拒绝描写成人的生活(如对社会的展望),她倾向于将炫目的学生生活无限延长。那是些没有边界的美好日子,人们在读书、散步、幻想和交谈中享受时光。小说《永别了我的皇后》是托马斯首部献给凡尔赛宫最后岁月的作品。故事发生在 1789 年的凡尔赛宫,革命的热潮席卷了整个国家,居住在宫中的王公贵族们成了革命者们攻击的对象。为了保命,很多人决定逃跑,可是皇后玛丽无法放下她高贵的尊严。长久以来,波利内公爵夫人和玛丽皇后保持着暧昧而又亲密的关系,而这一次,保全波利内公爵夫人的性命则成为了玛丽皇后首当其冲要解决的问题。西朵妮只是一介小小侍女,但她对玛丽皇后的忠诚和爱慕是任何人都无法相比的,即使到了这个紧要关头,她依然希望能够守在玛丽皇后的身边,为她卖命。于是,西朵妮顺理成章地成了玛丽皇后手中的棋子,但她并不知道自己将要面临怎样的命运。

　　尚达尔·托马斯对历史题材情有独钟。她擅长挖掘历史人物深层的心理世界,然而她否认这是一种怀旧式写作,认为自己是活在当下的人,而自己一直尝试在做的,无非是在历史中反思现在。她在写作时会听莫扎特等音乐家的作品,这使得她的文字富有音乐的质感。尚达尔·托马斯的作品展示了她在写作方面的无限可能性。

(文晓荷 张逸琛 编译)

Triolet, Elsa

（艾尔莎·特丽奥莱）(1896—1970 年)

小说家

Triolet, Elsa
(艾尔莎·特丽奥莱)(1896—1970 年)

小说家

　　艾尔莎·特丽奥莱,原籍俄国,1896 年出生于莫斯科一个中产阶级家庭,父亲是律师,母亲是音乐家。她的原名为艾尔莎·卡冈,后随第一任丈夫改姓特丽奥莱,并一生保留了这一姓氏。她有个姐姐叫莉莉·布里克,于 1905 年参与了俄国革命。也正由于这个原因,艾尔莎和她未来的丈夫阿拉贡与共产主义有了交集。艾尔莎是著名语言学家罗曼·雅各布森儿时的朋友,6 岁起就学习法语。她与未来派诗人弗拉基米尔·马雅科夫斯基(后来成为莉莉的伴侣)相恋,后者带给她很多文学上的启发。1917 年,她在莫斯科认识了一位法国军官安德烈·特丽奥莱。1918 年,艾尔莎离开了俄国。1919 年,她与特丽奥莱在巴黎结婚,夫妻俩在法属波利尼西亚的塔希提岛度过了一年时光。正是在这一时期,艾尔莎开始写作。1921 年,她与丈夫分手,回到欧洲,辗转于巴黎、柏林、莫斯科和伦敦等地,并用俄语写了几部小说。这些作品的主题大多与她这段流浪的生活有关。1928 年,她与路易·阿拉贡结识。两人于 1939 年结为伉俪。阿拉贡最优美的诗篇都是围绕艾尔莎而作的,包括《艾尔莎》《艾尔莎的眼睛》等。20 世纪 30 年代,艾尔莎开始从事俄法文学的互译。1938 年,她创作了第一部法语小说《晚上好,泰蕾丝》(*Bonsoir Thérèse*),之后又创作了长篇小说《白马》(*Le Cheval blanc*,1943)以及若干短篇小说,均由子夜出版社出版。这些短篇小说以《第一道裂痕花费了两百法郎》(*Le Premier Accroc coûte deux cents francs*)为名结集,获得了 1944 年龚古尔文学奖,她也由此成为龚古尔文学奖历史上首位女性得主。她一生共创作了 20 多部小说,除上述作品外,还包括:《废墟视察员》(*L' Inspecteur des ruines*, 1948)、《红鬃马》(*Le Cheval roux ou les intentions humaines*, 1953)、"尼龙时代"三部曲(《玫瑰信贷》(*Roses à crédit*, 1959)、《露娜-帕克》(*Luna-Park*, 1960)和《灵魂》(*L' Âme*, 1962)等。此外,她还撰写了几百篇论文及大量剧评,并为苏联作家契科夫和马雅可夫斯基等人作传。

艾尔莎·特丽奥莱始终无法将自己看成是法国作家,称自己只是移居到了法国,实际上仍是俄罗斯人。也正是由于这样一个特殊的身份,她在作品中对法国的社会和政治问题处理得大胆而清晰。在短篇小说集《此恨绵绵》(*Mille regrets*, 1942)中,她描绘了德军占领下的法国人的生活,成为法国作家中有如此胆大行为的第一人。使用两种语言(俄语和法语)创作的艾尔莎内心十分纠结:"使用双语就好像犯了重婚的错误,可我究竟欺骗了谁呢?"她一生都在寻找这个问题的答案,她的创作主题无不与此问题有关。其中之一,便是"外国人"。在《外国人的约会》(*Le Rendez-vous des étrangers*, 1956)中,她满怀深情地描写了那些身在法国的外国人在社会文化、心理和经济上遭遇的种种困难。《红鬃马》中的两位主人公则在徒劳地寻找被"第三次世界大战"毁掉之前的法国模样。类似的主题还在《白马》、《废墟巡查员》中出现。艾尔莎·特丽奥莱笔下的人物似乎都在长期流浪着,并企图找回已经不再存在的过去。其作品中的第二大主题则是女性的孤独。小说《没人爱我》(*Personne ne m' aime*, 1946)及《小阴谋》(*Les Manigances*, 1961)中的女主人公均为演员,这些演员即使在她们的演艺事业达到顶峰时也深感无助和孤独。小说《玫瑰信贷》则浓墨重彩地描写了一场婚姻的解体。可以说,几乎在艾尔莎·特丽奥莱的每部小说中,都会出现一个爱情受挫的女子形象。被超现实主义诗人阿拉贡大加歌颂和爱恋的女人竟然如此害怕孤独和离异,真是令人深感惊讶。不过,作者为其作品中的女性人物之孤独也曾找到过医治良方：孑然一身的女人会被一种人道主义欲望所点燃，全身心地投入到某项公共事业中。

作为法国全国作家委员会的委员长之一，艾尔莎在 20 世纪 50 年代曾致力于推动图书的销售和阅读。在发表了《成书》(*La Mise en mots*, 1969) 和《夜莺止语于拂晓》(*Le Rossignol se tait à l' aube*, 1970) 两部小说之后，艾尔莎·特丽奥莱于 1970 年 7 月 16 日因心脏病突发而去世，死后被安葬在她一生的伴侣阿拉贡的身边。她全部作品的手稿和其他个人资料均收藏于法国国家科学研究中心。

（陈静　编译）

Vilmorin, Louise de

(路易丝·德·维尔莫兰)(1902—1969 年)

诗人、小说家 、记者

Vilmorin,Louise de
（路易丝·德·维尔莫兰）（1902—1969 年）

诗人、小说家 、记者

　　路易丝·德·维尔莫兰,全名路易丝·雷维克·德·维尔莫兰,1902
年出生于法国埃松省的韦列尔。幼时身体柔弱,与 1 个姐姐和 4 个弟弟过
着与世隔绝却充满欢乐的童年生活。维尔莫兰的一生充满了浪漫色彩:从
圣·埃克絮佩里到安德烈·马尔罗,从罗戈·尼米耶到奥尔松·韦莱,无
数名士都为这个写出《某夫人》(*Madame de*,1951)的女人而倾倒、痴迷。
1923 年,她与安东尼·德·圣－埃克絮佩里订婚。但由于双方的贫富差距
及志趣迥异等原因,维尔莫兰离开了圣·埃克絮佩里。1925 年,维尔莫兰
与 39 岁的美国人亨利·李·汉特结婚,婚后育有 3 个女儿。其间,她开始
写作。首部小说《一回女神》(*Sainte－Unefois*,1934)的发表,使之在巴黎艺
术界崭露头角,并受到安德烈·马尔罗、科克托及纪德等人的高度赞赏。
重归单身的她于 1937 年嫁给了匈牙利富商保尔·巴尔菲伯爵。几年后,
她再次离婚。定居巴黎后,她潜心写作。晚年的维尔莫兰与安德烈·马尔
罗生活在一起。她的作品包括小说《维拉维德一家的结局》(*La Fin des
Villavide*,1937)、《柱床》(*Le Lit à colonnes*,1939)、《朱丽埃塔》(*Julietta*,
1951)和《出租车上的信》(*La Lettre dans un taxi*,1958),诗集《可笑的订婚》
(*Fiançailles pour rire*,1939)、《漏中沙》(*Le Sable du sablier*,1945)和《笔记》
(*Carnets*,1970),剧本《情人们》(*Amants*,1957)等。她于 1955 年获得摩纳

哥文学大奖。

　　小说《一回女神》以清新的笔调和丰富的想象描写了女主人公格蕾丝的爱情遭遇。在成功的喜悦中飘飘欲仙的格蕾丝推开了西勒维奥的怀抱，转而想留住米勒瑞德的心，但最终留给她的只有悲叹与后悔。维尔莫兰的故事短小而富有音乐和图画美感，她擅长用游戏和冒犯的语气来刻画上层人物。在《维拉维德一家的结局》中，一对贵族夫妻制作了一把扶手椅，并将它看成是他们的儿子。她最著名的小说《某夫人》则像一部滑稽剧，对谎言及其恶果做了淋漓尽致的揭露。维尔德兰喜用回文、图画诗及十二音节诗等结构和形式来创作。她的诗歌语气调侃，富有音乐性，擅长营造梦幻般的意境，但讲述的往往是死亡与分离等主题，表达了作者淡淡的忧伤与失望之情。

　　路易丝·德·维尔莫兰是 20 世纪法国文学界的一朵奇葩，她那想象丰富、天马行空式的写作风格为她赢得了无数读者。

（陈静　编译）

Vincent，Raymonde

（雷蒙德・文森特）（1908—1985 年）

小说家

Vincent，Raymonde

（雷蒙德·文森特）（1908—1985 年）

小说家

　　雷蒙德·文森特出生于法国沙托鲁市附近贝里地区的一个农民家庭。她幼年丧母，早早就挑起了家庭的重担，帮助父亲料理家务，经营农场。文森特童年没有受过多少启蒙教育。17 岁那年，她来到巴黎，在商界谋到了一个职位。之后她邂逅了阿尔贝尔·贝甘（Albert Béguin，1901—1957），后者当时还只是一名大学教员，而非后人所熟知的著名的随笔作家、文学批评家和翻译家，两人于 1929 年喜结连理。雷蒙德·文森特用了几年时间来恶补学业，她如饥似渴地阅读了大量的书籍，期间渐渐对绘画、音乐和戏剧产生了浓厚的兴趣。然而，她早年的农场生活给她留下了很深的印象，她常常怀念起那段安详宁静的时光，这也成为她写作的灵感源泉。她最著名的作品《乡村》（Campagne）便是这段时期的缩影，该作品也助她于 1937 年成功问鼎费米娜文学大奖。

　　《乡村》讲述了一个乡村女孩玛丽的经历。玛丽 15 岁那年随年近八旬的外婆一起来到舅舅家，离开了土生土长的村庄。面对崭新而陌生的生活，外婆觉得自己与周围格格不入，感到十分孤独痛苦，但是小玛丽却异常兴奋，面对形形色色的新事物充满了好奇心，她学着开辟一种全新的生活方式。本书是一曲对大自然的赞歌。

　　雷蒙德·文森特的作品多以土地、大自然和乡村生活等为题材，充满了生机和绿意,读来让人心灵纯净。她对田园生活的描写经常令读者出神遐想。然而她笔下的田园生活不是简单的世外桃源,其中有欢乐的场景描写,还有民俗传统、节日庆典、家庭生活和文化现象等方面的描写,甚至还穿插了战争和灾难的内容。

(张逸琛　编译)

W

Wiazemsky，Anne

（安娜·维亚泽姆斯基）（1947 年一）

小说家、喜剧演员、导演

Wiazemsky, Anne

(安娜·维亚泽姆斯基)(1947 年—)

小说家、喜剧演员、导演

安娜 1947 年 5 月 14 日出生于柏林,她的父亲外交官,出生于一个俄国皇室家庭。其外祖父是弗朗索瓦·莫里亚克。孩提时代,安娜因为父亲的职业关系,经常从一个城市迁到另外一个城市(柏林、卡拉卡斯、日内瓦、蒙得维的亚等)。因从小就喜爱电影艺术,19 岁的安娜在电影《巴尔达扎尔的偶然》中扮演了角色。20 岁时,她与导演让·吕克·戈达尔结婚。1967 年,她在戈达尔执导的电影《中国女人》中担任主演。之后,又在许多当时最著名导演的电影中扮演了角色。她间或也参与一些电视剧的拍摄工作。1979 年,她与戈达尔离婚,仍出演了一系列电影和戏剧。

1988 年,安娜拍摄完电影《奇怪城市》后,决定投身于写作,同时还发表了短篇小说集《教养良好的女孩们》(*Des Filles bien élevées*,1988)。之后,又陆续发表了两部小说。安娜写作生涯的首次成功是在 1993 年,那年她发表了小说《犬牙》(*Canines*,1993),获得了高中生龚古尔奖。在小说中,她回忆了自己的演员生涯。5 年后,她因小说《一小撮人》(*Une Poignée de gens*,1998)获得了法兰西学院小说大奖。这部小说讲述了一个俄国贵族家庭在第一次世界大战和俄国革命时期的遭遇:孩子们被迫流亡到异国他乡,再也没有回到俄国。这部小说带着古旧和幻想的气息,描述了因革命而发生巨变的世界中的"一小撮人"。全书采用第三人称叙述的方式,同时穿插了人物的日记和笔录。浪漫而感人,传达了悲伤的乡愁。书中没有长篇的描写性文字,也没有奔放的抒情,一切都显得有些模糊,但却给人以无限的想象。

安娜笔下的人物一般都充满激情,难以驯服,有时还具有破坏性,他们总是毫不犹豫地为自我辩护。安娜对写作有着长久的热情,虽然她自认为写作是一件孤独而艰难的工作。她还认为,自己是在用情感写作;一本书就像一部电影,一旦完成,就要从零开始,任何书都不应该是相同的。因为常从记忆中寻求素材,安娜同时认为,回忆是最好的小说家。

(文晓荷　编译)

Wittig, Monique

（莫妮卡·维迪格）（1935—2003 年）

女性主义小说家

Wittig, Monique

(莫妮卡·维迪格)(1935—2003 年)

女性主义小说家

  莫妮卡·维迪格生于阿尔萨斯,在巴黎度过了青年时代。她曾就读于巴黎索邦大学、卢浮宫学校和东方语言学校,并在国家图书馆和出版社工作过。1964 年,她凭借小说《伞形植物》(*L' Opoponax*)获得美第西斯奖。法国"68 学潮"之后,她与其他几位女性一起创建了妇女解放运动组织(MLF),并成为"红楼女子"团体的主要成员。她的作品在美国女性主义者和女同性恋群体中广为流传。从 1976 年起,她定居美国,并执教于美国多所大学。在与他人合作而成的《女情人词典的草稿》(*Brouillon pour un dictionnaire des amantes*,1976)中,她曾将北美描绘成一个"女情人之国"。莫妮卡·维迪格还撰写了多篇有关性别差异问题的哲学论文。她的作品还包括《女游击队员》(*Les Guérillères*,1969)、《女同性恋者的身体》(*Le Corps lesbian*,1973)及《不,维吉尔》(*Virgile,non*,1985)等。

  莫妮卡·维迪格自 1969 年发表《女游击队员》起,便开创了法国女性叙事诗学的新纪元,使妇女中心问题小说可以与任何同时代的杰作相媲美。她的那些通俗易懂的妇女小说既令人不安,又给人以满足,同时还具有鲜明的革命性。她擅长用既庄严又随意、既幽默又正经的独特语气来叙事,但每部作品又有其新颖之处。与杜拉斯一样,莫妮卡·维迪格起初与新小说派在求新理念上趋同,到后来便完全摆脱了前者乃至所有文学理论的束缚。在她看来,面对占统治地位的男性神话,必须创建一些反神话,以使男性原则缺席或被嘲笑。于是,在《女情人词典的草稿》中,找不到"男人"这一词条。而从首部小说《伞形植物》开始,她的作品便充斥着对男性权威代表人物的谋杀游戏。莫妮卡·维迪格还对书页的空间进行了规划,使无序、空白、中断和碎片都具有意义。《女同性恋者的身体》一书便是碎片化的。该书由一系列散文短诗构成,描写了女性身体的迷醉、恐惧、进入、切割、死亡和复活等各个层次的幻景。

莫妮卡·维迪格痛恨性别差异这一人类社会的"自然"法则,认为必须将"女人"这一西方文化的历史产物解体,取消性别中心,这样才能更接近普遍人性。

(陈静　编译)

Wouters, Liliane

（丽莲娜·伍特斯）(1930 年—)

比利时诗人、剧作家、随笔作家

Wouters, Liliane
（丽莲娜·伍特斯）（1930 年—）
比利时诗人、剧作家、随笔作家

　　丽莲娜 1930 年 2 月 5 日出生于比利时伊可塞尔，但却成长在母亲的故乡弗内尔。在伊可塞尔读完小学和初中后，1944 年，她开始在阿尔斯特附近法语区的一所师范学校寄宿学习。在很小的时候，她已经开始尝试写作。1949—1980 年间，她在自己的家乡担任小学老师，并游历欧洲、非洲、加拿大和近东。现今，丽莲娜居住在伊可塞尔，是比利时语言文学皇家学院和欧洲诗歌学院的成员。

　　最初，丽莲娜将自己创作的诗歌寄给指导她写作的诗人罗日尔·波达尔，后者为她的第一部诗集《生硬的脚步》（ *La Marche forcée*, 1954）作了序。该诗集获得了 4 项文学奖。这本诗集内容丰富，既有中世纪的回声，也有现代的韵律。诗歌节奏被一种韵律所支持，这种韵律既有神奇的现实主义也有渊博的神秘主义，而这要归功于北欧的巴洛克风格。史诗气氛是该诗集的基底，并蕴含着在生命、爱与死亡面前的焦虑。

　　前后间距 6 年时间，丽莲娜发表了《干木》（ *Le Bois sec*, 1960）和《冻结》（ *Le Gel*, 1966）两部诗集。《干木》获得了文学三年一度奖（le Prix triennal de littérature），《冻结》获得了路易丝·拉贝奖。在这两部诗集中，节奏更加紧凑，语言尖锐、纯熟，叙述方式更具有对比性，生存的不稳定性掺杂了一种对世界的不屑。诗歌中所表达的情感总是被遏制并伪装在一种带有讽刺的幽默下。即使诗集中有大段文字是对生命的歌颂,但有时一种语言的抽搐却强调了孤独感、对死亡的恐惧和存在的无意义。1983 年发表的《芦荟》(L' Aloès,1983)一书,既吸收了过往作品的精华,也有了新的创造。人们可以感受到其作品主题的渐变和所谓的印有抒情性的"好战的粗野"。她的诗中有一种对自我的不断探索,这种探索是通过生存的错综复杂、对幸福和真理的不懈追求和在死亡面前的心碎体验所完成的。这一切都被一种因芦荟而起的、对希望的无限渴求所环绕。

1990 年,丽莲娜发表《誊写人日记》(Journal du scribe,1990)一书。这个誊写人有点像是作者的象征,是那些通过自己所传达的信息来扰乱一切的人们的原型。作者在此发问,写作有什么用? 它给人以造物主的权力吗? 它难道不是创造从别处来、到彼处去的人们的原则吗? 誊写人也带着所有因莫测之事而产生的信仰的忧虑(我们是谁? 我们从哪里来? 我们到哪里去?)。她在诗歌创作中表现出来的语言的愉悦感和抒情性,以及她对形而上学乃至社会等问题的质疑,也普遍存在于其戏剧作品中。

2000 年,丽莲娜收获了三项重要奖项:在南斯拉夫,她获得了国际诗歌金钥匙奖;在巴黎,她被授予了龚古尔诗歌奖;在布鲁塞尔,她则摘取了文学五年一度奖(le Prix quinquennal de littérature)。

(文晓荷　编译)

Yourcenar, Marguerite

（玛格丽特·尤瑟纳尔）（1903—1987 年）

美籍法裔作家、诗人、翻译家、文学评论家

Yourcenar, Marguerite
（玛格丽特·尤瑟纳尔）（1903—1987 年）

美籍法裔作家、诗人、翻译家、文学评论家

　　玛格丽特·尤瑟纳尔,全名玛格丽特·安托瓦奈特·让娜·玛丽·吉斯莱娜·格力威尔克·德·克莱阳古尔,于 1903 年 6 月 8 日出生于布鲁塞尔,父亲为法国人,母亲为比利时人。尤瑟纳尔原籍法国,于 1947 年加入美国国籍。她是一个多产的作家,其作品包括一系列人文主义长短篇小说,还有一些自传。在让·端木松的大力帮助下,尤瑟纳尔于 1980 年 3 月 6 日入选法兰西学院,成为法国历史上第一位坐上这把交椅的女性作家。尤瑟纳尔出身高贵,从小衣食无忧,受过良好教育。尤瑟纳尔这个笔名是把姓氏字母打乱后重组形成的。在她出生后仅 10 天,母亲便不幸去世。因为失去了母爱,幼小的玛格丽特受到父亲的加倍疼爱,在法国北部、南部和巴黎度过了优裕的童年和少年时代。她只受过很少的正规学校教育,但得到数位女管家的呵护和家庭教师的悉心指导。自青年时代起,尤瑟纳尔便跟随父亲长期奔走于欧洲多国和美加之间。1934 年,尤瑟纳尔遇到了美国人格瑞斯·弗里克(Grace Frick),二人结为亲密的伙伴。她于 1937 年将弗吉尼亚·伍尔芙的《波浪》(*The Waves*)译成法文。1939 年第二次世界大战爆发后,尤瑟纳尔移居美国,在莎拉·劳伦斯学院(Sarah Lawrence College)教授比较文学,同时从事记者和翻译等工作。1947 年,她正式成为美国公民。1949 年,她定居美国东北海岸的芒特德塞岛(L'île de Mount

Desert）。1986 年，她被授予法国第三级荣誉勋位（French award，Commander of the Legion of Honour）和美国艺术家俱乐部的文学奖章（the American Arts Club Medal of Honor for Literature）。

尤瑟纳尔的第一部诗集《幻想的乐园》（*Le Jardin des chimères*, 1921）显示了她作为一个作家的高超技巧。她在书中重新诠释了古希腊神话，使它们与现实世界发生联系。1922 年，她出版了另一部诗集《诸神未死》（*Les Dieux ne sont pas morts*）。她的第一部小说《亚历克西斯，或者一个徒劳挣扎的故事》（*Alexis*, *ou le traité du vain combat*, 1929），讲述了一个艺术家想要献身于自己的事业，却遭到家庭的反对的故事。她在罗马的所见所感促使她写下《九只手中的一枚硬币》（*Denier du rêve*, 1934 年），这是一部关于梦想和现实之差别的半现实主义半象征主义的小说。她最著名的小说是《哈德良回忆录》（*Mémoires d' Hadrien*, 1951），这部小说是一个虚构的罗马皇帝的自传。全书以一封信的形式徐徐展开，这是一封在位皇帝写给他收养的孙子、未来的皇位继承人马克·奥里略的信。另一部历史题材的小说《苦炼》（*L' Oeuvre au noir*, 1968；英译本书名为《深渊》，1976 年出版），则是关于一个文艺复兴时期的虚构人物、炼金术士泽农的故事，该书为她赢得了 1968 年的费米娜文学奖。1971 年，她的两卷戏剧集《戏剧》（*Théatre*）出版。她的自传作品《世界迷宫》（*Le Labyrinte du monde*）三部曲包括《虔诚的回忆》（*Souvenirs pieux*, 1974）、《北方档案》（*Archives du Nord*, 1980）和《何谓永恒》（*Quoi l' éternité*, 1988）。此外，她还出版了若干访谈录作品，如《睁开眼睛：与马修·加莱对话》（*Les Yeux ouverts*: *entretiens avec Matthieu Galey*, 1980）等。她还翻译了希腊诗人、英语作家亨利·詹姆斯和维吉妮娅·伍尔芙等人的作品，如《深邃的江，阴暗的河》（*Fleuve profond*, *sombre rivière*, 1964）和《王冠与竖琴》（*La Couronne et la Lyre*, 1979）等，并撰写了一些思想深刻的文论专著和文学批评专著，如《时间，这伟大的雕刻家》（*Le Temps*, *ce grand sculpteur*, 1983）等。

尤瑟纳尔的文学风格多变，毕生都在不断挑战自己的创作能力极限，但她作品的主要特色是有关古代文明和历史变迁的丰富知识,以及尝试理解人类行为的动机。尤瑟纳尔坚信,历史是一所"获得自由的学堂",是对人类进行哲理思考的跳板,因此,她在创作过程当中特别青睐历史题材。她的虚构作品漫游于古代、文艺复兴时期以及 20 世纪初的广大空间。若套用现代文论术语来评价的话,尤瑟纳尔的作品都是互文性的杰作,充满着今与古、此与彼、我与他、灵与肉、具体与抽象的对话。

(张逸琛　编译)